Scrittori italiani e stranieri

Arianna Farinelli

# Gli ultimi americani

ROMANZO

MONDADORI

Questo libro è un'opera di fantasia. Personaggi e luoghi citati sono invenzioni dell'autrice e hanno lo scopo di conferire veridicità alla narrazione. Qualsiasi analogia con fatti luoghi e persone vive o scomparse è assolutamente casuale.

mondadori.it

*Gli ultimi americani*
di Arianna Farinelli
Collezione Scrittori italiani e stranieri

ISBN 978-88-04-75119-9


I edizione marzo 2022

Gli ultimi americani

*A tutti coloro che migrano*

*A quel giorno in cui non sei riuscito a morire*

«Allora dev'essere molto pericoloso essere un uomo.»
«Lo è, signora. E solamente pochi ce la fanno. È un mestiere difficile, e al fondo c'è la tomba.»

ERNEST HEMINGWAY, *Morte nel pomeriggio*

Sempre più spesso mi chiedo
se non sia meglio mettere il punto
d'un proiettile alla mia sorte.
Oggi darò,
in ogni caso,
un concerto d'addio.

VLADIMIR MAJAKOVSKIJ, *Il flauto di vertebre*

# Prologo

Le storie non cominciano mai a New York. Forse qui si incontrano, si mescolano e si confondono, si separano e finiscono, ma non cominciano. Iniziano sempre altrove – un luogo lontano, un tempo passato, un viaggio rimasto per anni senza arrivo e senza ritorno.

È di quell'inizio che le storie di New York portano i segni. Ferite antiche che tornano a far male quando in città cambia il tempo e i venti del Nor'easter soffiano gelidi sulla bruma del mare. New York non è mai l'inizio, mai il punto di partenza. È l'arrivo delle storie di tutti, anche della mia.

Anni fa conobbi uno scrittore e la sua compagna. Per diverso tempo la mia storia si intrecciò alla loro e le loro divennero la mia. Il racconto che segue è la storia di quegli anni. È la nostra storia e quella di questo Paese. Nel racconto sentirete le nostre voci mischiarsi e sovrapporsi, trovarsi e poi perdersi. Loro parleranno di me e io di loro. A volte una storia è troppo dolorosa per raccontarla da soli, altre volte abbiamo bisogno di sentirla dalla voce degli altri per capirla davvero. Vi chiedo solo di ascoltare senza chiederci nulla, di aspettare prima di giudicarci. Perché è solo per ricevere la comprensione degli altri che si racconta.

Sono Alma Arditi e questa è la mia storia, la storia degli Ultimi Americani.

# I

# IL NERO SI ADDICE ALLA MORTE

*Alma*

Una mattina di metà gennaio mi chiamò al telefono mio fratello per dirmi che lo scrittore era morto. Si era ammazzato sparandosi un colpo di pistola al cuore. La notizia aveva già fatto il giro del mondo. Lo scrittore e io eravamo stati amanti, poi amici, poi di nuovo amanti, poi niente. Lui era morto e noi da qualche tempo eravamo diventati niente l'uno per l'altra. Nessuno sapeva quanto lo scrittore fosse stato importante per me. La nostra storia era passata senza far rumore e senza lasciare traccia, come un'orma nella neve calpestata da milioni di altri piedi. Era stato facile nasconderci nel caos della città, confonderci con il resto, dileguarci tra la folla, allungarci e poi sparire come ombre sui muri. Passeggiavamo vicini, mai per mano, sempre a testa bassa. Oppure camminavamo svelti, senza parlare, stretti nel bavero del cappotto e nella diffidenza che ci separava dal mondo.

Trascorrevamo i pomeriggi d'inverno chiusi nei cinema vuoti del Village a guardare film d'essai. Di solito ci andavamo subito dopo pranzo, quando non c'era nessuno se non qualche ubriacone addormentato in prima fila. Quando le signore della biglietteria ci vedevano entrare cominciavano a bisbigliare tra loro. Qualche volta, alla fine del film, le vedevo farsi l'occhiolino o toccarsi a vicenda con i gomiti. Lo scrittore non ci badava. Per lui l'importante era non essere riconosciuto dietro gli occhiali scuri. Io invece abbassavo lo sguardo, provavo vergogna. Solo col tempo imparai a non farci più caso.

Sedevamo sempre in ultima fila, scalzi, gli stivali buttati in un angolo sopra le giacche, le gambe intrecciate, strette le une alle altre. Ogni volta, a metà film, mi lasciavo scivolare a terra tra le poltroncine di velluto. Lo scrittore allora appoggiava la testa al muro, chiudeva gli occhi e respirava profondo.

Dallo schermo Orson Welles continuava a guardarci con tracotanza.

"Che penserà la gente di Mr. Kane?" chiedeva Welles. "Penserà quello che voglio io!"

Quando lo scrittore riapriva gli occhi era sempre tutto sudato. Lo ero anch'io. La mia bocca, le mie mani, i miei vestiti, i miei capelli, tutto si impregnava del suo odore, come la terra dell'acqua. A volte lo scrittore mi guardava un momento senza parlare. Sembrava quasi sorpreso di trovarmi lì accovacciata come una gatta. Ogni tanto gli scappava un sorriso di gratitudine, raramente una carezza o un buffetto sulla testa, come quelli che si danno a un animale domestico. Alla fine, mi sollevavo da terra, abbottonavo a caso la camicetta e tornavo seduta. Guardavamo il resto del film mangiando popcorn senza burro aggiunto, perché il burro dal sapore artificiale dei cinema americani faceva schifo a entrambi.

Spesso, durante il film, mi capitava di distogliere lo sguardo dallo schermo e di soffermarmi a scrutare lo scrittore nella penombra della sala – il viso era ancora quello di un ragazzo, sotto la barba incolta. Guardandolo mi meravigliavo sempre un po' di riscoprirlo a colori e non in bianco e nero come i personaggi del film. E anche oggi che scrivo di lui, la sua immagine mi torna in mente sempre in bianco e nero, come se lo scrittore fosse esistito solo nei colori di una vecchia pellicola o in quelli della scrittura, il bianco della carta e il nero dell'inchiostro.

"Credo che essere amato è tutto ciò che volesse veramente dalla vita, ma non gli riuscì, perché non aveva amore da dare in cambio. È questa la tragedia di Charles Foster Kane...

... Rosabella.

Rosabella.

Rosabella."

*

Lo scrittore aveva una compagna che si chiamava Lola. Da anni vivevano insieme come fratello e sorella. Lui diceva che erano felici così, la loro intimità andava al di là dei corpi, dell'amore fisico. Mi disse anche che il sesso a Lola non interessava più, che forse non le era mai veramente interessato. C'erano poi cose che lo scrittore non disse. Le scoprii da me, nel tempo, con dolore. Imparai che allo scrittore il sesso interessava in modo discontinuo, intermittente, quasi ciclico. Era come se nella sua vita si alternassero due stagioni: una secca e l'altra della pioggia. Nei mesi di pioggia, quando la sua anima rinverdiva, ci incontravamo quasi ogni giorno. Parlavamo per ore, nudi, a letto. Poi, per un tempo che a me sembrava eterno, arrivava la stagione secca. Tutto dentro di lui sfioriva e inaridiva, e lo scrittore non aveva più voglia di niente. Non scriveva, non mangiava, non dormiva, non vedeva nessuno, non leggeva neanche più.

Diceva solo: «Datemi un fucile e una trincea e molte teste da far saltare, a cominciare dalla mia. Voglio morire in guerra». Così lo scrittore si costruiva una linea Maginot tutta intorno, un valico per me impossibile da oltrepassare.

In quei mesi di buio, lo scrittore trascorreva le giornate in casa a giocare a scacchi, solo contro il computer. Non mi parlava, non mi scriveva, non voleva incontrarmi, mentre io non potevo smettere di pensare a lui. Provavo allora a immaginarmi cosa facesse. Me lo figuravo nei panni del Cavaliere Antonius Block, quello che nel film di Ingmar Bergman gioca a scacchi con la Morte.

Il Cavaliere: "Sei venuta a prendermi?".

La Morte: "È già molto che ti cammino a fianco".

Il Cavaliere: "Tu giochi a scacchi, vero?".

La Morte: "Come lo sai?".

Il Cavaliere: "Lo so. L'ho visto nei quadri. Lo dicono le leggende".

La Morte: "Per quale ragione vuoi sfidarmi?".

Il Cavaliere: "Perché voglio sapere fino a che punto saprò resisterti... e se dando scacco alla Morte avrò salva la vita. Ti tocca il nero".

La Morte: "Si addice alla Morte, non credi?".

*

La notte lo scrittore non riusciva a dormire. Faceva l'alba guardando documentari sugli uccelli migratori: beccaccini, piovanelli, sterne artiche, berte grigie, oche canadesi.

«Ogni primavera, gli uccelli migratori percorrono immense distanze volando verso Nord. E ogni autunno, tornando a Sud, volano lungo lo stesso percorso. È così da milioni di anni. Per gli uccelli, la migrazione è una condizione di vita. È una partenza che ha in sé la promessa del ritorno. È una fuga dal freddo, dalla caccia, dalla penuria di cibo. È una lotta per la sopravvivenza alla quale molti non sopravvivono: alcuni si perdono, altri si ammalano, altri ancora vengono uccisi. La migrazione è un viaggio che varca frontiere e oltrepassa confini. È una rotta millenaria che si beffa dei muri.»

Quando lo scrittore era malinconico parlava di uccelli. Quando era arrabbiato, inveiva contro tutti quelli che conosceva: quelli che erano invidiosi di lui, quelli che cercavano di infangare il suo nome, quelli che volevano imbrogliarlo, quelli che criticavano i suoi libri, quelli che lo avevano tradito, quelli a cui doveva del denaro, quelli con cui era andato a letto, quelli che volevano andare a letto con lui – praticamente tutti, a sentire lui – e infine i peggiori, quelli che lo ricattavano dopo esserci andati a letto.

«Non ho amici» diceva spesso, «è impossibile farsi degli amici in una città come questa. Qui niente dura, tutto si consuma. I rapporti sono superficiali, le relazioni bruciano in fretta. E poi siamo tutti colti, ambiziosi, preparati, di talento. A New York conosco solo persone così, gente riuscita, di successo.» Arrivato a questo punto, lo scrittore si fermava sempre un momento. Passava il moncone del dito medio su e giù lungo la linea del naso. Poi, unendo l'indice al pollice, si pizzicava il labbro inferiore con una certa inquietudine – rituali che col tempo avrei imparato a conoscere. Quindi riprendeva il discorso: «Nessuno di noi è indispensabile. Siamo tutti sacrificabili, facilmente sostituibili. C'è sempre qualcuno più bravo, pronto a fotterti, a prendere il tuo posto. È impossibile farsi degli amici tra gente come questa».

«E gli amici che avevi prima, quelli che ti conoscono da sempre?» chiedevo io.

«È difficile coltivare amicizie quando sei famoso. Le persone che ti conoscevano prima finiscono per odiarti. I tuoi successi sono la prova dei loro fallimenti. E quelli che ora mi vengono vicino vogliono solo sfruttarmi. Si servono di me quando hanno bisogno di avere a fianco l'intellettuale del momento. E allora io divento esempio, modello. Ma questo purtroppo non dura mai molto. Presto si stancano di me, odiano la mia immagine. Quelli a cui all'inizio faceva comodo che fossi un eroe sono gli stessi che finiscono per chiamarmi pubblicamente "impostore".»

Questo mi diceva lo scrittore, e all'inizio, lo ammetto, provavo pena per la sua solitudine. Avevo letto i suoi libri, lo avevo sentito parlare in televisione, conoscevo la sua storia ancora prima di conoscerlo di persona. Solo col tempo capii che la fama e l'invidia avevano poco a che fare con la sua condizione. Lo scrittore trattava tutti con disprezzo e sufficienza, per questo non aveva amici.

«Sapessi come vivo, Alma» mi disse la prima volta che ci trovammo da soli. «Mi piacerebbe vedere la mia vita attraverso i tuoi occhi, come se solo loro potessero mettervi ordine.»

Questa frase allora mi suscitò una certa ilarità. Pensai che lo scrittore la dicesse a tutte quelle che voleva portarsi a letto. Nei giorni seguenti, però, quelle parole finirono per intenerirmi. Mi piaceva che lo scrittore mi volesse accanto, volevo credere che la mia presenza potesse rendergli la vita meno penosa.

Ma lo scrittore non voleva solo la mia compassione. Per ragioni che all'inizio feci fatica a capire, lo scrittore voleva che lo amassi. Non si accontentava della cura e dell'ammirazione che pure gli davo – a volte, lo ammetto, solo per farlo contento. Pretendeva in modo capriccioso e prepotente che mi innamorassi di lui. Desiderava che lo aspettassi ogni giorno con la trepidazione e l'incertezza con cui si aspetta un eroe al ritorno dalla guerra. Esigeva ogni volta che partiva che il nostro saluto avesse la commozione e il trasporto di un addio.

*

«Mi vuoi oppure no?» mi chiese una volta, poco dopo il nostro primo incontro.

Io gli parlavo di stima, di amicizia, di collaborazioni letterarie, del fatto che lui viveva con una donna della quale ero diventata amica – in verità, mi ero separata da poco e non avevo voglia di iniziare una nuova relazione.

Lo scrittore però continuava a incalzarmi.

«Dimmi che mi vuoi, Alma» mi disse un giorno spingendomi in un vicolo umido e desolato, stretto tra due vecchi palazzi in stile tudor.

Mi guardò serio: il viso contratto, la bocca corrugata, le palpebre immobili nell'intensità dell'attesa.

«Ti voglio» risposi infine, più per stanchezza che per convinzione. Lui sorrise, mi strinse a sé, affondò il viso nella sciarpa che avevo al collo. «Ma senza legami» mi affrettai ad aggiungere.

Lo scrittore allora allentò la presa, frugò nelle tasche e tirò fuori un pacchetto di sigari. «Mi sembra un buon accordo» disse tra i denti.

Ma l'accordo non gli piaceva affatto. La prima volta che andammo a letto insieme, lo scrittore mi chiese di amarlo.

«Spero che riuscirai ad amarmi almeno un po', Alma. Se non c'è un po' d'amore tra noi non mi piace.»

«Amore?» chiesi io stupita. «Non credo di esserne più capace.»

A quella risposta lo scrittore si crucciò ma non disse nulla. Rimanemmo entrambi in silenzio, seduti sul letto del suo piccolo studio di Lower Manhattan. In silenzio, condividemmo gli avanzi di cibo thailandese. In silenzio lo scrittore si rivestì, mi accompagnò alla porta e mi baciò con un angolo di bocca. E dopo quella volta, per giorni tra noi fu solo silenzio, il mio di attesa, il suo di rabbia.

Ma lo scrittore qualche tempo dopo tornò a insistere.

«Se su questo braccio potessi misurare l'amore che senti per me» mi chiese una volta accarezzandomi sotto il lenzuolo, «quanto sarebbe lungo? Dall'omero al polso? O magari di più, dalla spalla alla mano?»

Quel giorno, seccata dalla sua insistenza, gli dissi che dopo la fine del mio matrimonio non avrei più potuto amare nessuno. E lui, quella volta, si girò dall'altra parte, affondò la faccia nel cuscino e non parlò per un tempo lunghissimo. Lo avevo offeso e la cosa mi provocò un godimento intenso e pulsante simile a uno spasmo di piacere. Mi sentii forte vicino a lui, avrei potuto spezzarlo con un gesto, dissanguarlo con la lama di una parola.

A vederlo così, nudo e inerme, lo scrittore faceva quasi tenerezza. Le sue armi erano l'intelligenza e la parola e quando non poteva usarle sembrava un ragazzo solo e smarrito. Mi sdraiai accanto a lui, lo baciai e lo accarezzai sui capelli. Appoggiai il dorso della mano sul suo viso come si fa con una persona malata. Per un momento mi assalì il dubbio che stesse fingendo: forse era una scena recitata già molte volte, un protocollo che seguiva in tutte le relazioni. Eppure, lo scrittore sembrava ferito. Se lo era, pensai, doveva trattarsi di una ferita superficiale, un'abrasione nell'epidermide dell'orgoglio.

«Non voglio innamorarmi mai più» gli dissi citando un film di Godard che avevamo visto insieme il giorno prima, «È un'abitudine disgustosa.» E mentre lo dicevo ripensai all'uomo delle pulizie che era entrato in sala durante la proiezione di *Pierrot le Fou*. Vedendomi inginocchiata a terra, l'uomo aveva mormorato qualcosa che non avevo ben capito ma che assomigliava molto alla parola *whore*, ed era uscito subito dopo. Ricordando quella scena mi venne da ridere. Colpii dolcemente lo scrittore sulla spalla immaginando che anche lui stesse pensando la stessa cosa. Ma lo scrittore non si mosse neppure. Rimase muto. Piegò i lati della bocca in un'espressione di delusione. Poi corrugò la fronte e apparvero due rughe profonde tra gli occhi, due fenditure gemelle che non gli avevo mai visto prima.

Mi scrutò a lungo.

«Se non mi ami significa che vuoi tornare con lui» sentenziò.

«Non è così, ti sbagli» protestai.

Lo scrittore mi guardò con un'aria compiaciuta – credo che volesse sentirmelo dire.

«Perché, tu mi ami?» chiesi allora confusa.

Scoppiò a ridere.

«Io sono un uccello e gli uccelli non amano, sentono.»

Lo odiai, mi venne voglia di morderlo, invece mi baciò e ricominciammo.

Credo che essere amato è tutto ciò che volesse veramente dalla vita, ma non gli riuscì, perché non aveva amore da dare in cambio. Era questa la tragedia dello scrittore.

Forse io, invece, l'amavo davvero. A volte, quando parlava e la luce gli cadeva addosso in un certo modo, mi sembrava persino bello. Provavo per lui un misto di compassione e di rabbia, di attrazione e disgusto che assomigliava in qualche modo all'amore. Lui era riuscito a lenire il dolore per la fine del mio matrimonio e, sotto quello, un dolore ben più subdolo e urente, quello di vivere. In quegli anni, occuparmi di lui e della sua solitudine era un modo per non occuparmi di me, dei miei fallimenti, delle mie pene. Chi dice che anche questo non sia un modo d'amare? Forse è il solo modo che io abbia mai conosciuto.

*

Allo scrittore sarebbe piaciuto diventare ornitologo, ma questo era prima che lasciasse il suo Paese, prima dell'esilio negli Stati Uniti. A differenza dei beccaccini e delle sterne artiche, il suo migrare era stato un viaggio di sola andata, un partire per non fare ritorno.

«Il beccaccino è in grado di percorrere una distanza di undicimila chilometri senza mai fermarsi. Il piovanello maggiore viaggia ogni anno dall'Artico alla Terra del Fuoco. La sterna artica percorre ottantamila chilometri, dal Polo Nord al Polo Sud. In questo modo gli uccelli riescono a godere della stagione estiva per ben due volte nel corso dell'anno. Il loro migrare è una ricerca di luce, un desiderio di calore.»

Come un moderno augure, lo scrittore studiava gli uccelli. Era come se nella sua vita, ogni decisione pubblica o privata, di guerra o di pace, dipendesse dall'interpretazione del loro volo. Purtroppo, nel cielo c'erano sempre meno uccelli da guardare.

«Anche gli storni e i pettirossi stanno scomparendo. Arriveranno primavere in cui non si sentirà più cinguettare nemmeno un passerotto» diceva spesso. Poi riprendeva a raccontarmi degli uccelli migratori: «Gli uccelli sanno sempre dove si trovano e dove stanno andando. Tracciano rotte e seguono percorsi fino alla meta. Hanno un forte senso di cosa sia e dove si trovi la loro casa e un desiderio inarrestabile di tornarci».

Qualche volta, quando lo scrittore parlava, immaginavo che nella stanza con noi ci fossero decine di uccelli. Gazze appollaiate sulla spalliera del letto, civette accovacciate sugli scaffali della libreria, corvi neri e lucenti ammassati su pacchi di vecchie riviste letterarie. Gli uccelli stavano tutti in silenzio ad ascoltarlo. Sembravano ipnotizzati dal suono della sua voce. Se solo lo scrittore glielo avesse chiesto, pensavo, quelli si sarebbero alzati in volo per attaccarmi. Altri uccelli sarebbero giunti da fuori, entrando in casa attraverso il camino oppure sfondando le assi del tetto e i vetri delle finestre. Stridendo e gracchiando avrebbero defecato ovunque, insozzando il pavimento e le lenzuola. Io avrei tentato inutilmente di rifugiarmi sotto le coperte riparandomi il volto con le mani. Ma quelli avrebbero continuato a infierire su di me strappandomi i capelli, ferendomi le braccia e i piedi e beccandomi gli occhi fino a cavarmeli. Cieca, con la pelle lacerata e le viscere scoperte, avrei trovato le ultime forze per implorare pietà. Ma lo scrittore non avrebbe fatto nulla per aiutarmi.

Così, mentre lui parlava, io mi distraevo per lunghi minuti e ripensavo al film di Hitchcock che avevamo guardato insieme al Metrograph.

"Sembra che gli attacchi degli uccelli avvengano a ondate successive con lunghi intervalli. La ragione di tutto ciò non è stata ancora chiarita" diceva la radio.

"Gli uccelli ci vogliono ammazzare, mamma?" chiedeva un bambino.

E poi: "Perché fanno questo? Dicono che è cominciato tutto quando sei arrivata qui!" gridava una donna in preda a un attacco isterico. "Chi sei? Cosa sei? Da dove sei venuta? Tu sei la causa di tutto questo! Tu sei cattiva! Sei una strega!" E io, di tutta risposta, immaginavo di prenderla a schiaffi proprio come faceva la protagonista del film.

«Le storie sugli uccelli sono antichissime» mi diceva lo scrittore cercando di richiamare la mia attenzione. «Nell'*Iliade*, Omero paragona i Troiani in battaglia alle gru che attaccavano i Pigmei durante la loro migrazione al Sud. E quando furono tutti schierati, i Troiani avanzarono con grida e clamore, simili a uccelli, simili a gru che stridono in cielo quando fuggono l'inverno e le sue piogge incessanti» diceva citando a memoria.

*

La storia di uccelli che lo scrittore amava di più era quella dei *cuvivíes*. Gliel'ho sentita raccontare molte volte. Spesso si divertita ad aggiungere dettagli sinistri e particolari angoscianti che nel tempo avrei visto come oscure premonizioni. La prima volta che l'ascoltai, pensai che l'avesse inventata solo per impressionarmi, perché era una cosa che faceva spesso. Non potevo immaginare allora che la storia dei *cuvivíes* avrebbe finito per assomigliare così tanto alla sua.

«Ci sono degli uccelli, Alma, che noi in Sudamerica chiamiamo *cuvivíes*, per via del loro canto lamentoso. Ogni anno, tra settembre e ottobre, i *cuvivíes* compiono il loro viaggio di ritorno dall'Alaska alle pampas argentine. Volano per migliaia di chilometri. Attraversano le foreste boreali, i grandi laghi, le praterie nord americane, le zone costiere e le pianure aride. Passano anche qui, proprio sopra di noi, ma nessuno a New York fa caso a loro. È impossibile sentire il loro lamento nel clangore della città.»

E quando lo scrittore diceva questo, si sdraiava su un fianco accanto a me e con l'indice disegnava il volo degli uccelli sul mio corpo. Si bagnava il dito con la lingua e lo faceva scivolare lentamente lungo il collo. Poi scendeva verso il seno, sorvolava i capezzoli e proseguiva giù fino alla pancia. Io sorridevo e contraevo l'addome per via del solletico, ma lo scrittore rimaneva serio.

«Ogni anno, all'inizio dell'autunno, i *cuvivíes* arrivano ai laghi di Ozogoche, in Ecuador, in una zona andina chiamata Achipungo, che vuol dire "porta della morte".» A questo punto, il dito dello scrittore si fermava sul mio ombelico e cominciava a girargli intorno come per imitare il volo degli uccelli sulla laguna.

«Ogni anno, al loro arrivo a Ozogoche, il cielo diventa grigio come il colore del loro piumaggio e l'aria si riempie del loro lamento. L'arrivo dei *cuvivíes* coincide sempre con l'inizio della stagione delle piogge.»

«Che bello» dissi io la prima volta, senza capire dove mi stesse portando il racconto. «Mi piacerebbe molto andarci insieme!»

«Non c'è niente di bello, Alma. È uno spettacolo spaventoso. Gli uccelli sono sfiancati dal viaggio, sono accaldati, hanno sete. Hanno bisogno di fermarsi e di abbeverarsi. Ma quando arrivano a Ozogoche, si gettano in picchiata nelle acque ghiacciate dei laghi e muoiono all'istante.» A questo punto, il dito dello scrittore si buttava a capofitto nel mio ombelico e spingeva così forte da farmi piegare le gambe per il dolore.

«Mi fai male» gridavo io, ma lui non ci badava.

«È un suicidio di massa, Alma. I *cuvivíes* dell'Ozogoche non torneranno mai nelle pampas. La promessa del ritorno galleggia insieme alle carcasse di uccelli morti sulle acque della laguna.»

Poi lo scrittore si girava sulla schiena e fissava il soffitto. I suoi occhi erano scuri e melmosi come le acque dell'Ozogoche. Qualche volta mi sembrava di vederci dentro delle piccole onde sospinte a riva dal vento, ma erano solo le sue lacrime.

«Perché lo fanno?» chiedevo io mentre toccavo incredula l'ombelico dolorante.

«Il perché è un mistero anche per gli scienziati, Alma. Ovviamente, c'è sempre qualcuno che azzarda la solita spiegazione del cazzo. Dicono che gli uccelli muoiono a causa dello shock termico causato dal freddo che sale dall'acqua del lago. Ma io non ci credo.»

«E allora perché?»

«I nativi credono che gli uccelli sacrifichino la loro vita agli spiriti del lago. Alcuni dicono anche che il lago sia una porta per l'aldilà, il punto in cui il presente e l'eternità si incontrano. Per questo gli uccelli vogliono morire lì. Lasciano il corpo a Ozogoche e continuano il viaggio eterno con l'anima. In questo modo non avranno più fame né sete, non soffriranno più il freddo o la fatica.»

«Anche a me piacerebbe morire così. E non dovere avere più fame, né sete, né voglia di te» dicevo io scherzando, ma lo scrittore mi guardava serio. Non gli piaceva essere interrotto.

«La morte dei *cuviríes* è un evento molto importante per le popolazioni andine. Per festeggiare il sacrificio degli uccelli, gli sciamani locali compiono riti ancestrali. Cantano e danzano per due giorni. Le donne invece disegnano croci di fiori e frutta sull'erba e i bambini raccolgono le carcasse degli uccelli per il banchetto. La carne dei *cuviríes* diventa cibo consacrato.»

«Non mi dire che anche tu credi alla storia del sacrificio?»

«No, ma non credo neppure alla morte per cause naturali come raccontano gli scienziati. Credo invece che si tratti di un atto volontario, di un suicidio di massa. Devi sapere, Alma, che anche gli animali si uccidono. Ne parlava già

Aristotele più di duemila anni fa. C'era un cavallo, racconta, un magnifico stallone, che venne costretto con l'inganno ad accoppiarsi con sua madre. Quando scoprì ciò che aveva fatto si disperò a tal punto da gettarsi al galoppo in un dirupo. Se quel cavallo avesse avuto le mani, Alma, si sarebbe accecato come Edipo nella tragedia di Sofocle.»

«È solo una vecchia favola» dicevo io abbracciandolo, «gli animali non si suicidano.» Ma lo scrittore non mi ascoltava neppure.

«I *cuvivíes* non si uccidono in preda al rimorso o alla disperazione. Sono solo stanchi di vivere, e quando arrivano in prossimità del lago cantano per l'ultima volta e vanno a morire. Gli scienziati dicono che gli animali non hanno il senso della morte come lo abbiamo noi, ma non è vero. Dicono anche che gli esseri umani hanno un'idea ottimistica della vita: sanno di dover morire ma non ci pensano mai. Io no, alla morte ci penso ogni momento.»

«È per questo che vivi male e sei sempre infelice» gli dicevo baciandolo. Ma quando lo scrittore arrivava a questo punto del racconto, non parlava più a me. Era in volo sulle Ande insieme ai *cuviníes*.

«Come esseri umani ci siamo evoluti in modo da non pensare costantemente alla morte, noi che siamo l'unica specie vivente ad averne consapevolezza. Ma io credo che quando i *cuviníes* arrivano sull'Ozogoche si rendano improvvisamente conto di quanto sia inutile tentare di sfuggire alla morte migrando. Si domandano: che senso ha affannarsi alla continua ricerca dell'estate quando la nostra specie è sull'orlo dell'estinzione? Ogni anno siamo sempre meno a migrare, sempre meno a tornare a casa. Anche la nostra casa sta scomparendo. Presto non avremo più un posto dove tornare.»

A questo punto del racconto, lo scrittore tornava a guardarmi, come se improvvisamente si ricordasse che c'ero anch'io nella stanza.

«Quando gli uccelli non ci saranno più, spariranno anche i riti degli sciamani e le croci di fiori delle donne, e poi, a poco a poco, sparirà tutto il resto... anche noi, Alma. Gli uccelli lo sanno bene. A differenza degli uomini non hanno un pregiudizio positivo sulla vita. Non pensano che domani sia per forza migliore. Se il domani non è migliore, allora tanto vale morire oggi.»

Lo ascoltavo nuda, sdraiata sul letto del piccolissimo studio dove ci amavamo durante la stagione delle piogge. Era una stagione breve e torrenziale la sua. Annunciata ogni volta dall'arrivo dei *cuviíes* e interrotta troppo presto dal suicidio degli uccelli nei laghi gelidi della sua mente. La stagione dello scrittore dava e toglieva, portava la vita e la distruggeva. Rinverdiva tutto e poi lo inondava, trascinava a valle tutti i detriti. Alla fine, i pochi arbusti che avevano resistito alla furia dell'acqua morivano di sete con l'inizio della stagione secca.

Lo scrittore è stato il primo uomo che ho amato dopo la fine del mio matrimonio.

«Ti chiami Alma, vero?» mi chiese la sera che ci incontrammo a "The Moth".

«Sì» risposi stringendo la mano che mi porgeva.

«*Alma desnuda,* come la poesia di Alfonsina Storni.»

«Piaceva a mia madre» dissi stupita. Era la prima volta che qualcuno indovinava l'origine del mio nome.

Lo scrittore diceva sempre che per scrivere bisogna provare rabbia contro se stessi e contro il mondo. «La scrittura, Alma, nasce quasi sempre da un sentimento di odio e di vendetta. Un sentimento che una volta approfondito e liberato diventa amore.» Ed è forse per questo che ho cominciato a scrivere di lui.

*

Lo scrittore avrebbe voluto morire giovane, magari massacrato di botte sotto il Triborough Bridge, la faccia riversa a terra, il sangue vischioso come petrolio. O magari accoltellato alla schiena in pieno giorno a Times Square: la scena proiettata sugli schermi giganti, migliaia di facce all'insù, nessuno a chiedersi se sia finzione o realtà.

La Morte però si faceva attendere, e lo scrittore, arrivato ai quarant'anni, era stanco di vivere.

«Vorrei che la fine arrivasse per strada» mi diceva spesso. «Avrei dovuto morire molto tempo fa, al mio Paese, ma non è stato così. Non avrei mai immaginato di vivere tanto a lungo.»

Forse lo scrittore si convinse che non gli sarebbe più riuscito di morire nel modo in cui voleva lui. Per questo decise di prendersi gioco della Morte e anticiparne le mosse.

La Morte: "Non credi che sarebbe meglio morire?".

Il Cavaliere: "È vero".

La Morte: "Perché non smetti di lottare?".

Il Cavaliere: "È l'ignoto che mi atterrisce".

Dopo la morte dello scrittore alcuni giornali, soprattutto sudamericani, scrissero che non si trattava di suicidio. Alcuni vicini di casa giurarono, salvo poi ritrattare, di aver sentito chiaramente due spari. Citando fonti investigative, il "New York Post" scrisse che il proiettile che gli avevano estratto dal cuore era incompatibile con il modello di pistola che aveva accanto. Ci furono molte speculazioni, si parlò anche di depistaggi. Alla fine, la polizia dichiarò che, al di là di ogni ragionevole dubbio, lo scrittore si era ammazzato. L'idea del suicidio in fondo lo aveva accompagnato fin da ragazzo.

Era una malattia cronica come per Majakovskij, uno dei poeti che amava di più, e come per Majakovskij era peggiorata negli anni.

Nonostante la chiusura delle indagini, le voci attorno alla morte dello scrittore non si placarono. Alcuni dissero che era stata una vendetta dei paramilitari colombiani – lo scrittore aveva denunciato i loro crimini nei suoi libri. Altri accusarono la guerriglia marxista che molti anni prima lo aveva rapito e torturato, troncandogli di netto la seconda e la terza falange del dito medio. Altri ancora sostenevano che era stata la CIA a volerlo morto perché era diventato un personaggio scomodo. Partecipava spesso a manifestazioni antigovernative. Si schierava apertamente a favore degli immigrati illegali. Organizzava rallies e sit-in di fronte ai centri di detenzione. Attraverso i suoi informatori cercava di conoscere il giorno delle retate dell'ICE, l'agenzia americana per il controllo dell'immigrazione. Si prodigava ogni volta per avvertire in tempo quante più persone possibile. Molti uomini politici lo detestavano, dicevano che doveva essere espulso, che era stato un errore concedergli asilo politico negli Stati Uniti. Non erano gli unici a pensarla così. Ultimamente lo scrittore si era fatto molti nemici anche tra gli intellettuali, che accusava apertamente di essere asserviti al potere. Parlava dei giornali come della rovina culturale del Paese. Recentemente aveva messo in rete una foto in cui sembrava usasse la copertina di una nota rivista letteraria come carta igienica.

Il Cavaliere: "Ho passato la vita a far guerra, ad andare a caccia, ad agitarmi, a parlare senza senso. Senza ragione. Un vuoto. E lo dico senza amarezza e senza vergognarmene, perché lo so che la vita della maggior parte della gente è tale".

La Morte: "Molta gente non pensa né alla morte né alla vanità delle cose".

A differenza dei politici e degli intellettuali, la gente comune amava molto lo scrittore, e nei mesi successivi alla sua morte il suo mito crebbe. Apparvero diversi murales con la sua effigie in giro per la città. In alcuni di questi era ritratto come Emiliano Zapata nel quadro di Diego Rivera: i baffi folti e un cavallo bianco, il cadavere del Presidente riverso a terra. In altri appariva con i capelli lunghi e il basco con la stella cubana di traverso. Lo scrittore da morto era diventato un eroe, l'ultimo Che.

La mattina della sua morte, dopo aver parlato con mio fratello, telefonai a Lola. Ci volle molto tempo prima che mi rispondesse. La chiamai diverse volte. Lasciai messaggi vocali. Le scrissi frasi senza senso che ora neppure ricordo. Le feci un video in cui piangevo disperata implorandola di rispondermi. Verso sera mi richiamò. Era stata lei a trovare il corpo dello scrittore al ritorno dal lavoro. Provò più volte a spiegarmi cosa fosse successo quella mattina ma dalla sua bocca uscivano solo suoni tronchi, parole incomprensibili, sillabe impastate a lacrime e saliva.

Sulla scrivania la polizia aveva trovato un biglietto. La data era del giorno precedente. Nel biglietto le parole erano difficilmente decifrabili, ritorte e appuntite come filo spinato. All'inizio Lola dubitò persino che si trattasse della sua grafia. Ma da qualche tempo lo scrittore era affetto da un irrefrenabile tremore alle mani e a malapena riusciva a tener ferma la penna.

*

Sylvia Plath lasciò scritto di chiamare il Dottor Horder, prima di infilare la testa nel forno una freddissima mattina di febbraio del 1963. Aveva messo degli asciugamani bagnati sotto la porta della cucina per impedire che il gas arrivasse fino alla stanza dove dormivano i bambini. Suo marito, il poeta Ted Hughes, l'aveva lasciata per un'altra donna pochi mesi prima. Non era la prima volta che Plath tentava di uccidersi.

Nel marzo del 1941, Virginia Woolf scrisse una lettera alla sorella e una al marito Leonard, prima di infilarsi due pietre nelle tasche del cappotto e annegare nel fiume. "Mio caro, sono certa di stare impazzendo di nuovo... sento quelle voci e non riesco a concentrarmi... non posso continuare a rovinarti la vita... non penso che due persone avrebbero potuto essere più felici di noi." Appena finito di leggere, Leonard la cercò nei pressi della casa. Trovò le sue impronte sul terreno e il suo bastone da passeggio. Ma era troppo tardi, il fiume l'aveva già inghiottita.

Prima di spararsi al petto, tre centimetri sotto il capezzolo sinistro, Vladimir Majakovskij scrisse di non incolpare nessuno per la sua morte e di non fare pettegolezzi perché i morti non li amano. Si rivolse anche all'amore della sua vita, Lilja Brik: "Lilja – amami" scrisse. E infine lasciò una poesia incompiuta: "La barca dell'amore si è spezzata contro gli scogli banali della quotidianità. La vita e io siamo pari, inutile elencare offese, dolori, torti reciproci. Voi che restate siate felici". Era l'aprile del 1930.

E lo scrittore cosa scrisse nel suo biglietto d'addio? Scrisse forse a Lola, a sua madre, a me?

«Ha lasciato scritto questo» disse Lola. «"La morte arriva troppo tardi per vincere davvero contro di te".»

«E cosa vuol dire?» chiesi io.

«È un verso di Charles Bukowski che ripeteva spesso. Credo volesse che i suoi lettori pensassero questo della sua morte... che avesse comunque vinto lui.»

«Capisco. E a te non ha scritto nulla?»

«Nulla.»

«Mi dispiace, Lola» le dissi, ma era per me che provavo pena. Era a me che speravo avesse lasciato qualcosa di scritto, una parola d'addio. Era il 15 gennaio 2020.

# II

# LE FALENE

*Alma*

Il tempo si stende sulle storie come il giallo sulla carta dei libri. Solo se un libro venisse tenuto al buio, al riparo da luce e umidità, non ingiallirebbe. Invecchiando, la carta assume un tono più caldo, le pagine diventano più fragili, le parole meno nitide. È un processo chimico che riguarda le componenti organiche del libro. La lignina si ossida, le fibre si sfaldano e la carta ingiallisce. Anche l'odore cambia: le molecole della colla e dell'inchiostro, come quelle della cellulosa, col tempo cominciano a cedere e a scomporsi. È per questo che odorando la carta ingiallita ci sembra di sentire profumo d'erba. E se per caso aspiriamo più a lungo, affondando il naso nella piega della rilegatura, sentiamo nitido il profumo dei fiori, e a volte persino quello delle mandorle e della vaniglia. E subito dopo, strofinando la punta del naso sulla pagina, avvertiamo un odore sottostante di muffa e, prima ancora, uno più acidulo e immediato, quasi pungente, un odore di vissuto.

Un libro trattiene gli odori a cui è stato esposto nel tempo: odori di mani e di letti, di tabacco e di cucina, di valigie e di partenze, di scatoloni e scantinati, di infiltrazioni d'acqua, di fiori di campo pressati tra le pagine – come la copia di *Cent'anni di solitudine* di Lola, un'edizione del 1985 tutta ingiallita, color ambra. Per le storie è lo stesso. Invecchiano solo se lasciate all'aria e alla luce, ingialliscono solo se raccontate, cambiano odore solo se passate di mano. Col tempo le parole si ossidano, i personaggi cominciano a scomporsi, la trama cede e si sfalda. Le storie non raccontate, invece, rimangono intatte e spietate come fossero appena accadute.

*

Tre mesi dopo la morte dello scrittore, il giornale con il quale collaboro mi chiese il permesso di pubblicare un'intervista che era stata registrata nell'estate del 2019 per il programma televisivo "Inizi letterari". Il programma sarebbe dovuto andare in onda su Rai Cultura nell'autunno dello stesso anno ma venne cancellato. Il giornale era riuscito a recuperare parte del *footage* originale dell'intervista, la trascrizione di un primo montaggio realizzato dagli autori nel 2019. Il direttore del giornale riteneva che contenesse alcune riflessioni importanti che potevano interessare i lettori. Devo ammettere che all'inizio ero piuttosto scettica – mi sembrava che non avesse più senso pubblicare l'intervista, che dopotutto era più incentrata su di me e sulla mia scrittura – ma Lola mi disse che era un bel modo per ricordare lo scrittore e parlare di letteratura e di come nascono le storie. Leggemmo attentamente il testo e decidemmo di acconsentire alla pubblicazione. Io indicai giusto qualche taglio – in quell'intervista avevo finito per dire cose molto personali di cui in quel momento mi pentivo.

*

Il giorno dell'intervista Lola, lo scrittore e io ci trovavamo in stanze diverse all'interno dello stesso studio televisivo a Brooklyn.

Intervistatore: Vorremmo sapere anzitutto come vi siete conosciuti.

Alma: Ho conosciuto Lola e lo scrittore una sera a "The Moth".

Scrittore: La prima volta che ho incontrato Alma Arditi? Eravamo a "The Moth". Se non sbaglio era il 2018, ma per sicurezza chieda a Lola. Non sono bravo con le date.

Lola: Lo ricordo perfettamente, lo scrittore e io abbiamo conosciuto Alma una sera a "The Moth". Era il 2017, intorno alla metà di settembre. Cosa deve scrivere nel sottopancia del video? Semplicemente "Lola Parra, amica della scrittrice", sono qui per raccontare il suo inizio letterario.

Alma: "The Moth" è una competizione di *live storytelling*.

Scrittore: Vince chi racconta la storia più bella [*fruga nelle tasche della giacca*]… *Puta madre,* credo di aver dimenticato i sigari a casa. Ho bisogno di fumare mentre parlo… mi aiuta a ricordare.

Lola: Ogni autore ha solo cinque minuti di tempo per raccontare la sua storia.

Alma: Le storie di "The Moth" sono sempre raccontate in prima persona. Spesso narrano vicende realmente accadute.

Scrittore: Ah no, eccoli, erano nella tasca interna. Vi dispiace se fumo? Qualcuno ha da accendere? Grazie… dicevamo di "The Moth" [*aspira con soddisfazione*]… i nomi dei partecipanti vengono estratti a sorte da un cappello. Ve lo avevo già detto, per caso?

Lola: Non so perché quella sera Alma avesse messo il suo nome nel cappello [*si fa aria con una mano e con l'altra solleva i capelli dalle spalle*]... Fa caldo qui o sono solo io a sudare?

Alma: Solo dieci storie vengono sorteggiate ogni volta.

Scrittore: Ogni incontro ha un tema diverso... i temi vengono pubblicati qualche settimana prima sulla pagina web di "The Moth". Non sono mai particolarmente originali.

Lola: Le storie vengono giudicate da una giuria... Grazie, è più fresco ora con l'aria condizionata.

Alma: Il punteggio viene assegnato sulla base di tre criteri.

Scrittore: Prima di tutto il rispetto dei limiti di tempo. Una storia è come la vita, non può che essere a tempo.

Lola: Secondo, l'adesione del racconto al tema della serata.

Alma: Terzo, il saper raccontare una storia che contenga un conflitto e una risoluzione.

Scrittore: Alma non era pronta a raccontare la sua storia in pubblico. Non lo aveva mai fatto né si era esercitata a casa, magari recitandola di fronte allo specchio. Ma chi è che ha acceso l'aria condizionata? Si gela, qui.

Lola: La storia di Alma era molto più lunga dei cinque minuti previsti dal regolamento... C'è puzza di fumo in questo studio, credo venga dal condotto dell'aria. No, allo scrittore non permetto mai di fumare in casa.

Alma: La mia storia conteneva un conflitto ma non aveva una risoluzione. Le dispiace passarmi il giacchetto che ho lasciato su quella sedia? Ho freddo.

Scrittore: Ma cos'è questa ossessione per le risoluzioni? Gli americani pensano di poter risolvere sempre tutto.

Lola: Mi chiedo come si possa risolvere un conflitto in cinque minuti.

Alma: Non tutti i conflitti si risolvono.

Scrittore: I conflitti si risolvono solo a "The Moth", qualche volta nei film di Hollywood, raramente nella realtà, mai nel mio Paese.

Lola: Gli americani hanno bisogno di risoluzioni immediate.

Alma: Immediate non significa certo durature.

Scrittore: Il tema della serata era *Risveglio*. Vede, il mio problema con un tema così è che mi sveglio talmente tante volte durante la notte che non saprei quale dei miei risvegli raccontare. [*Ride.*] Lei cosa prende per dormire?

Lola: Alma aveva scritto una storia su quel tema.

Alma: Avevo scritto della mattina in cui mio marito mi svegliò per dirmi che mi lasciava. A ripensarci oggi, me ne vergogno ancora.

Scrittore: Allo scadere del tempo, il presentatore interrompe il racconto suonando una campanella. Se la storia non rientra nei cinque minuti previsti dal regolamento, i giudici assegnano un punteggio basso.

Lola: Ad Alma non importava nulla della gara e del punteggio. [*Tossisce.*] Posso avere un bicchiere d'acqua, per favore? Il fumo mi irrita la gola.

Alma: Quella sera scrissi il mio nome su un foglietto di carta, lo piegai e lo infilai nel cappello.

Scrittore: Al "The Moth" di New York partecipa gente molto preparata. Le storie sono profonde, a volte divertenti, non sempre facili da raccontare: spesso si tratta di ammissioni di colpa a cui seguono scuse tanto tardive quanto inutili. "The Moth" è un luogo di verità condivise, un momento di espiazione pubblica.

Lola: Talvolta a raccontare le storie sono aspiranti attori. La recitazione è davvero molto buona.

Alma: Saper raccontare è importante almeno quanto saper scrivere.

Scrittore: Non era la prima volta che andavo a "The Moth". Una volta gli organizzatori mi chiesero di partecipare raccontando la mia storia – lo fanno spesso con gli scrittori famosi – ma io rifiutai. Ci andavo solo perché mi piaceva ascoltare. Non ho mai pensato di partecipare. Certe storie non dovrebbero mai essere raccontate, non crede? [*Rimane in silenzio qualche minuto poi riprende a parlare, questa volta in spagnolo.*] Quando eravamo bambini, Lola e io giocavamo ogni sera sotto il patio dell'*hacienda* di mio padre. Dopo cena, Amparo, la madre di Lola, finiva di aiutare la cuoca in cucina e ci raggiungeva. Di solito portava con sé il lavoro all'uncinetto. E mentre faceva scorrere l'uncino d'avorio nel filato sottile, disegnando morbide volute, ci raccontava storie magiche, a volte spaventose: antiche leggende dei nativi Tucano... e storie contadine, della sua infanzia *campesina*, un'infanzia di guerra. "Ciò che ci fa male non dovrebbe mai essere nominato" diceva Amparo all'inizio di ogni storia. Le falene arrivavano sotto il patio attratte dalla luce e noi ascoltavamo seduti stretti sul dondolo, guardando di tanto in tanto le fronde degli alberi che smosse dal vento sembravano vive. Era il nostro "The Moth". Forse è questa la storia che avrei raccontato. Mi chiede perché sto parlando in spagnolo? Perché quando si vive all'estero, in esilio come me, la lingua diventa la tua nuova casa, l'ultimo luogo che puoi ancora chiamare patria. Certe storie si possono raccontare solo nella propria lingua.

Lola: Quella sera la competizione si teneva al caffè-libreria Housing Works di Crosby Street a Soho. C'è mai stato?

Alma: È una libreria di libri usati, donati nel corso degli anni dai lettori. I profitti vengono devoluti a Housing Works, un'organizzazione che da molto tempo si occupa dei malati di AIDS.

Scrittore: Alma non aveva trovato posto in platea e si era seduta sulla grande scala di legno che porta al piano superiore. Ricordo che quando arrivai alzai distrattamente lo sguardo e la vidi. Notai le ginocchia appoggiate alla balaustra, e le gambe nude, lunghe e bianchissime. Quando Alma si accorse che la guardavo, si affrettò a coprirle con la stoffa leggera del vestito. È una bella donna Alma, l'ha già incontrata?

Lola: Era l'ultima estrazione, l'ultima storia della serata. Avevamo sentito raccontare di un risveglio dal coma, di quello nel letto di una sconosciuta... del risveglio la mattina dell'11 settembre e molti altri ancora che in questo momento non ricordo.

Alma: "Alma Ar-arditi" disse il presentatore con una pronuncia un po' incerta. Per un momento ho pensato di non alzarmi. Sono rimasta immobile, in silenzio, facendo finta di non essere me. Ma un ragazzo che conoscevo, un mio ex vicino di casa che non sapevo fosse seduto tra il pubblico, ha cominciato a urlare dalla piccola platea: "*There she is, that one is Alma Arditi!*" indicando in alto, verso di me. "*Fuck*" ho detto piano, e mi sono alzata come si alza un'alunna impreparata chiamata dal professore alla lavagna.

Scrittore: Ero seduto in prima fila con Lola quando comparve sul palco questa ragazza pallidissima. Si coprì il volto con il dorso di una mano per ripararsi gli occhi dalle luci.

Lola: Provò più volte a sistemare l'asta del microfono in modo che fosse all'altezza giusta – il presentatore fu costretto a tornare sul palco per aiutarla – e cominciò quasi balbettando a raccontare la sua storia.

Alma: A questo punto volete che vi racconti la storia proprio come feci quella sera? [*Guarda dei fogli con degli appunti scritti a mano.*] Cercherò di non leggere, così sembra più naturale [*inizia il racconto*]:

*"Devo parlarti di una cosa molto importante."*

*Me lo dice mentre accende la luce della lampada sul mio comodino. È in piedi già da qualche minuto. Lo ha svegliato un messaggio che ha ricevuto sul cellulare. Ha guardato lo schermo e risposto in fretta.*

*"Chi era al telefono?" gli chiedo assonnata.*

*"Un collega" risponde lui, ma era sua madre.*

*Fuori albeggia. È il primo sabato d'estate, l'ultimo del mese. L'aria è ancora fresca, leggera, priva di umidità. La luce filtra sottile dalle doghe degli scuri appena sollevate, come palpebre ancora socchiuse. Non abbiamo programmi per quel giorno. I ragazzi volevano andare al mare ma noi preferiamo rimanere in città. Abbiamo bisogno di riposare, sono stati mesi faticosi.*

*"Torna a dormire" gli dico girandomi su un fianco. La luce della lampada mi ferisce gli occhi. "Sono solo le cinque del mattino."*

*"Devo parlarti" ripete ancora sedendosi sul ciglio del letto.*

*È allora che mi allarmo e mi sollevo seduta. Rannicchio le gambe sotto il lenzuolo per fargli spazio.*

*"Che succede?" chiedo.*

*Abbassa lo sguardo e curva la schiena, stringe nervosamente la stoffa del lenzuolo.*

*È in quel momento che capisco che sono cattive notizie. È da giorni che sento che c'è qualcosa che non va. Forse qualcuno si è ammalato, penso. Possibile un cancro? Purtroppo, è una cosa comune nella sua famiglia.*

*Ma non è questo che deve dirmi.*

Scrittore: Dopo le prime battute Alma non riusciva più ad andare avanti. "Forse la poverina non ha capito che il tempo scorre in fretta qui" sussurrai a Lola. "Avrà dimenticato la storia" rispose lei.

Lola: Ci fu un leggero brusio tra il pubblico. "Paura del

palcoscenico... succede a volte" sentii dire a una signora dietro di me. Il presentatore guardò verso la giuria e poi fece per salire sul palco ma proprio in quel momento Alma riprese il racconto.

Alma: *Rimane un momento in silenzio, come per riordinare le idee. Poi dice: "Mi vedo con un'altra da quasi un anno".*

*Lo dice in fretta, tutto d'un fiato, buttandolo fuori con l'aria cattiva, come se non potesse più trattenerlo.*

*"In che senso?" chiedo confusa.*

*"Nel senso che mi vedo con un'altra donna."*

*"Come? Di nuovo?"*

*"Sì, Alma, ma abbassa la voce che i ragazzi potrebbero svegliarsi."*

*Non mi ero resa conto di aver urlato.*

*"No, non puoi farmi questo" dico afferrandolo per il pigiama, "non dopo quello che abbiamo passato l'ultima volta!"*

*"Mi dispiace ma è così. Lasciami, per favore."*

*"Che vuol dire è così? Non può essere. Farò tutto quello che mi chiedi, ma non farmi questo."*

*"E cosa vorresti fare a questo punto? Non c'è più nulla da fare" mi dice scuotendo la testa.*

*"Vedrò tua madre."*

*Parlo senza pensare, senza neppure rendermi conto di quello che dico, ma so che è lei la causa dei nostri ultimi litigi.*

*"Adesso me lo dici che sei disposta a vedere mia madre? Dopo un anno che te lo chiedo?" risponde rabbioso.*

*"Mi dispiace, ho sbagliato... lo capisco solo ora che ho sbagliato. Ma siamo sposati da quattordici anni. Ai figli non ci pensi?"*

Scrittore: A quel punto la voce di Alma si incrinò. "Secondo me la poverina scoppia a piangere" dissi a Lola, "scommetto che non riesce a finire il racconto."

Lola: Certe storie sono troppo difficili da raccontare.

Come si può risolvere una storia così? Ma Alma andò avanti comunque.

Alma: *"Davvero saresti disposta ad andare a trovare mia madre?" mi chiede a un tratto.*

*"Sì, ci andrò, farò tutto quello che vuoi."*

*Per un istante mi sembra quasi che ci stia pensando, e già mi spavento al pensiero di doverla rivedere.*

*"Ma io la amo" dice trasalendo, quasi avesse urgenza di tornare a quello che si era proposto di dire all'inizio, "e voglio stare con lei."*

*Il cuore perde un battito, poi accelera all'improvviso: contrazioni aritmiche e frequenze irregolari che ho visto comparire molte volte tra le onde e gli intervalli del nostro matrimonio.*

*"Ah, la ami? Solo perché andate a letto insieme da un anno? E quello è amore secondo te?"*

*"Abbiamo parlato molto lei e io" dice lui, "con lei mi sento libero di dire tutto quello che voglio. Ti assicuro poi che è una gran brava persona."*

*"Avevi detto lo stesso anche dell'altra."*

*"No, questa volta è diverso, non è una storia di poche settimane. È l'assistente del nostro designer. L'ho conosciuta lo scorso agosto quando si è occupata di rinnovare gli interni del nostro studio legale. Mi vuole bene. Mi ha detto che mi avrebbe aspettato anche se fossi rimasto con te, che mi avrebbe aspettato fino al giorno in cui entrambi i nostri figli fossero andati all'università. Ma io voglio stare con lei ora."*

*Chi è quest'uomo? Chi sono io seduta accanto a lui? Di chi è questo matrimonio, e questa casa rotta, la polvere e i calcinacci che mi sono caduti in testa?*

*Tutto è stato vano e senza senso, come la luce accesa in questa stanza ora che si è fatto giorno.*

Lola: Qualcuno avrà pensato che Alma avesse scritto

questa storia solo per guadagnarsi il favore delle donne sedute tra il pubblico e in giuria.

Scrittore: Secondo me invece la gente ha pensato che Alma volesse solo vendicarsi del marito. Di certo è quello che ho pensato io. Ma non c'è da sorprendersi, la scrittura nasce quasi sempre da un sentimento di odio e di vendetta.

Lola: Alma non cercava né simpatia né vendetta. Aveva solo bisogno di raccontare.

Alma: *"Come si chiama?" gli domando.*

*"Preferisco non dirtelo" risponde seccato.*

*Rimaniamo entrambi in silenzio. Sento un tramestio di piedi al piano di sopra, una porta che sbatte all'improvviso, un oggetto che cade pesante sul pavimento. Non siamo gli unici a litigare di primo mattino.*

*"Non lo avrai mica detto a tua madre che ti vedi con un'altra?" gli chiedo d'un tratto.*

*"No" risponde deciso, ma noto che l'espressione sul suo viso è asimmetrica. I muscoli facciali si distendono e si contraggono in modo più intenso e prolungato sul lato destro, sul sinistro invece rispondono pigri allo stimolo nervoso.*

*Si passa una mano sulla fronte poi riprende a parlare.*

*"Sì, Alma, mia madre lo sa. È venuta in città due settimane fa per conoscerla."*

*Avvampo in viso.*

*"Come? L'hai presentata a lei prima di dire a me e ai tuoi figli che ci lasciavi?"*

*"Abbassa la voce, vuoi che i ragazzi ci sentano?"*

*Si prende la testa tra le mani: le palpebre tremanti, i tendini del collo irrigiditi, il volto chiazzato come il guscio di un crostaceo.*

*"Perdonami" sussurra scrollando le spalle, le mani colte da un fremito inatteso.*

*"Sarà stata contenta, sono anni che ti parla male di me…*

*l'hai voluta presentare a lei perché è della sua approvazione che hai bisogno anzitutto."*

Scrittore: "Odio le beghe familiari e i racconti femministi" sussurrai nell'orecchio di Lola.

Lola: Alma modulava la voce in modo da interpretare se stessa e il marito. Ma non sempre era chiaro chi stesse parlando. A volte si confondeva e usava il tono femminile per la parte maschile.

Alma: *"Ti sbagli, mia madre non c'entra. Ho incontrato un'altra persona, tutto qui. Le ho affittato un appartamento vicino al mio studio la scorsa primavera. È lì che negli ultimi tempi ci vedevamo. Finivo sempre di lavorare verso le sei e andavo da lei... è per questo che facevo tardi." Sospira, si passa una mano tra i capelli. "Sono andato da un avvocato divorzista qualche settimana fa. Gli ho detto che voglio che i figli rimangano con te. Gli ho spiegato che non voglio una guerra e che voglio prendermi cura di te e dei ragazzi in modo che non vi manchi nulla. Quello che ti chiedo è di poter continuare a vedere i miei figli ogni volta che posso."*

*"E allora è una decisione irreversibile?" chiedo.*

*"Sì, è tanto tempo che ci penso, tanti anni che sono infelice...", me lo dice tenendo la testa bassa, lo sguardo fisso su un punto del lenzuolo come se a quello dovesse aggrapparsi per non scivolare.*

*"E perché non me lo hai mai detto? Perché hai continuato a fingere che tutto fosse normale?"*

*Rialza lo sguardo. "Non avresti capito... e poi temevo che avresti reagito proprio come stai facendo ora."*

*"Se eri così infelice" gli chiedo, "perché fino a ieri sera mi tenevi la mano seduto di fronte alla televisione?"*

*Si alza di scatto, la rabbia prende il sopravvento. "Per anni mi hai umiliato dicendomi che John era un buon padre!"*

*"John chi?" chiedo sbalordita.*

*"Il padre del compagno di classe di Nanda."*

*"John Costanza? Che c'entra con questo?"*

*"Per anni mi hai fatto sentire come se non fossi un buon padre anch'io!" mi dice urlando.*

*"E questo cosa c'entra con me e con John? È la tua insicurezza che non ti permetteva di sentirti un buon padre!"*

*Non risponde.*

*Non capisco se il confronto con John Costanza – con il quale ho avuto un flirt passeggero qualche anno fa – lo irriti davvero o sia solo una scusa per giustificare ciò che ha fatto. Lo scruto: le sue pupille sono filtri troppo fini perché il mio sguardo possa passarvi attraverso.*

*Si alza, cammina verso la finestra. Con la stoffa della maglietta asciuga le lacrime rimaste impigliate tra le ciglia.*

*"E comunque non è solo questo... tu hai sempre criticato l'America" dice voltandosi di nuovo.*

*"Come? E cosa ti aspettavi?" rispondo incredula. "Scrivo editoriali, fa parte del mio lavoro guardare un Paese con occhio critico."*

Scrittore: Erano passati i cinque minuti previsti dal regolamento ma Alma non era arrivata alla fine della storia né aveva trovato una risoluzione al conflitto.

Lola: Il presentatore aveva suonato la campanella più volte ma Alma era andata avanti come se non avesse sentito. Ricordo di aver provato pena per lei.

Alma: *"Tu hai sempre criticato ogni cosa" mi dice, "la politica, New York, il quartiere in cui viviamo, il sistema scolastico, persino i miei colleghi non ti sono mai piaciuti. Ti ricordi quando il mese scorso siamo usciti con Fran e suo marito? Mi sono sentito così in imbarazzo quando nel mezzo della cena hai tirato fuori l'apartheid."*

*"Io ho semplicemente chiesto al marito di Fran se da sud africano avesse letto il libro di Trevor Noah,* Born a Crime. *Che male ho fatto?"*

*"Ti sembra normale chiedere a un sudafricano bianco se abbia letto Trevor Noah?"*

*"Veramente sì, non ci trovo nulla di male..."*

*Scuote la testa.*

*"E poi lascia che te lo dica, Alma, il sesso con te..."*

*"Il sesso cosa?"*

*"... forse è per quello che ti è accaduto da bambina."*

Scrittore: Qualcuno tra il pubblico applaudì ma il presentatore era visibilmente imbarazzato. Salì sul palco e si avvicinò al microfono. "È ora di andare, Ms. Alma, il tempo è finito" le disse.

Lola: Il presentatore appoggiò una mano sulla spalla di Alma, "Prego, scenda pure da questa parte". Due donne tra il pubblico protestarono, chiedevano che Alma potesse finire la sua storia. "Non si può, c'è un regolamento" rispose lui, "le storie si devono risolvere entro il limite di tempo. Dovrebbe essere così anche nella vita, non crede?" Ricordo che Alma lo guardò smarrita, come se non sapesse spiegarsi cosa ci facesse in piedi su quel palco.

Intervistatore: Grazie, va bene così. Abbiamo abbastanza materiale per il programma. Solo un'ultima domanda: quanto tempo dopo il suo racconto a "The Moth" ha trovato un editore italiano per il suo primo romanzo?

Alma: Il romanzo l'avevo scritto prima che mio marito mi lasciasse. Quell'estate terminai l'ultimo capitolo e feci alcune revisioni. Credo che sia stato allora che la storia è diventata più cattiva. La fine doveva essere diversa, nell'ultimo capitolo il personaggio del marito riusciva a redimersi. Ma dopo quello che era accaduto nella mia vita non c'era più spazio per la redenzione. Questo, se non le dispiace, preferirei non lo inserisse nell'intervista. L'editore italiano? L'ho conosciuto a casa di Lola e dello scrittore la settimana dopo averli incontrati a "The

Moth". Erano amici e Lola gli aveva parlato di me. Il romanzo è stato pubblicato l'anno dopo, nella primavera del 2018. È così che è iniziata la mia carriera di scrittrice.

Intervistatore: Per chi non lo avesse letto, ci può raccontare di cosa parla il suo primo romanzo?

Alma: È la storia di una professoressa italiana che intreccia una relazione sentimentale con uno studente di vent'anni più giovane. Lei è sposata con un medico italo americano, ma il loro matrimonio soffre a causa delle ingerenze dei genitori di lui e dell'incapacità del marito di diventare adulto. Ma la storia d'amore è un espediente letterario per parlare dell'America di oggi, delle sue promesse e dei suoi inganni, delle sue contraddizioni.

Scrittore: Il libro di Alma? L'ho odiato. Un libro che racconta bene la vita deve essere odiato come la vita stessa.

Lola: Grazie a lei per l'intervista... è stato interessante provare a narrare un inizio letterario attraverso il racconto di un racconto. Ad Alma voglio bene, anche lo scrittore gliene vuole. Spero che per lei la scrittura non diventi una trappola come è accaduto a lui. Vede, scrivere vuol dire condurre una vita di solitudine. E quando lo scrittore ha provato a scrollarsi di dosso un po' di quella solitudine, diventando attivista e personaggio pubblico, la sua scrittura ne ha risentito e si è deteriorata. Questo oggi lo rattrista enormemente.

*

*Alma*

Quella sera, quando il presentatore mi chiese di interrompere il racconto, lo guardai senza capire bene cosa fosse accaduto tra il momento in cui mi aveva chiamata sul palco e quello in cui era tornato a riprendermi. Scendendo mi guardai attorno e per la prima volta vidi le facce del pubblico seduto in platea, le stesse che dal palco mi erano sembrate anonime e indistinte. Una ragazza con i capelli rasta mi venne incontro per congratularsi, il mio ex vicino di casa mi fece cenno con la mano di raggiungerlo, quelli seduti sulle scale continuavano ad applaudire e a chiamare il mio nome. Capii in quel momento che mi ero resa ridicola e, invece di tornare al mio posto, uscii dalla sala correndo. Camminai per qualche metro ma le gambe non mi sorreggevano. Decisi allora di sedermi sui gradini di un negozio sfitto. Appoggiai i gomiti sulle ginocchia e nascosi il viso tra le mani.

«Era una storia molto toccante» mi sentii dire un momento dopo. Alzai gli occhi per vedere chi mi stesse parlando. «Mi chiamo Lola» disse lei sorridendomi.

«Lola!» la chiamò proprio in quel momento lo scrittore che era rimasto sulla porta della libreria. «Che fai lì? Non torni dentro? Proclamano il vincitore!»

Lo scrittore ci venne incontro. «*Maldito viento*» disse mentre tentava di accendersi un sigaro riparando la fiammella con la mano.

«Ah, sei quella del divorzio» disse rivolgendosi a me. «Alla fine avete divorziato davvero?»

Non risposi e mi alzai in piedi per andarmene. Essermi resa ridicola di fronte a lui mi era insopportabile.

«Questo è il mio fidanzato» disse Lola sorridendomi di nuovo.

«Ti chiami Alma, vero?» chiese lui.

«Sì» risposi stringendo la mano che mi porgeva.

«*Alma desnuda* come la poesia di Alfonsina Storni.»

«Piaceva a mia madre» dissi stupita. Era la prima volta che qualcuno indovinava l'origine del mio nome.

«I versi di una poetessa suicida mi sembrano appropriati per questo momento:

*Soy un alma desnuda en estos versos,*
*Alma desnuda que angustiada y sola*
*Va dejando sus pétalos dispersos.*»

«Scusa, Alma, non badare a lui, è uno scrittore» lo interruppe Lola.

«Sì, l'ho riconosciuto» risposi imbarazzata.

Rimanemmo un momento in silenzio.

«A che ora è la nostra prenotazione al ristorante?» chiese lo scrittore guardando l'orologio.

«Alle otto e mezzo» rispose lei consultando il telefono. «Senti, Alma, avevamo in programma di andare a cena qui vicino. Se ti va, puoi unirti a noi.»

«Grazie, sei gentile, ma non posso, i miei figli mi aspettano a casa.»

«Chiamali e di' loro che arrivi fra un paio d'ore, il tempo di mangiare. Stiamo andando in un ristorante peruviano nel Lower East Side che fa un ottimo *ceviche*.»

Non so perché mi lasciai convincere, non avevo mai accettato un invito a cena da sconosciuti. Ma quella sera non volevo stare sola e neppure avevo voglia di tornare a casa e fingere con i miei figli una serenità che non avevo.

Avevo riconosciuto lo scrittore appena era entrato in libreria. I nostri sguardi si erano incrociati quando lui, togliendosi la giacca, aveva alzato gli occhi verso le scale. Per un istante mi era sembrato persino che mi guardasse le gambe e mi era venuto d'istinto di coprirle.

Non era la prima volta che veniva a "The Moth". Sedeva sempre in prima fila con un sigaro spento tra le dita. Di tanto in tanto lo annusava intensamente facendolo scorrere sotto le narici. Una volta avevo pensato di presentarmi e chiedergli un'intervista per il giornale. Ma aveva fama di essere una persona poco affabile e quindi avevo deciso di rinunciare. Era la prima volta da quando veniva a "The Moth" che notavo la donna seduta al suo fianco. Li avevo osservati da sopra le scale: avevano parlato più volte nel corso della serata, si erano scambiati bisbigli e occhiate di complicità, lei a un certo punto gli aveva sistemato i capelli sopra la fronte, accarezzandoli con dita leggere. Ricordo di aver pensato che mi dispiaceva che lo scrittore avesse una compagna.

A cena Lola mi raccontò di essere un'insegnante di danza.

«Do lezioni private di tango... ultimamente soprattutto a coppie di fidanzati che vogliono esibirsi di fronte ad amici e parenti durante la festa di nozze. Mi piace pensare di averli aiutati a compiere i primi passi della loro vita matrimoniale. Non è quello che volevo fare nella vita, ma si guadagna bene. È stata mia madre a insegnarmi l'amore per la danza, molti anni fa.»

Lo scrittore era taciturno. Si animò solo per parlare della situazione politica del suo Paese e dell'accordo di pace che il governo aveva firmato l'anno prima con i guerriglieri, accordo a cui lui non credeva. Erano passati molti anni da quando lui e Lola avevano lasciato la Colombia. Lo scrittore aveva ottenuto asilo politico negli Stati Uniti quando era ancora un ragazzo e Lola lo aveva raggiunto qualche anno dopo.

Raccontai loro qualcosa anche di me. Dissi che lavoravo come editorialista per un quotidiano italiano e che mi occupavo di politica americana. Mi lasciai incautamente sfuggire, dopo il secondo Margarita, che negli anni avevo scritto novelle e racconti senza mai riuscire a pubblicarli. Lo scrittore non disse nulla. Durante la cena mi sembrò distratto, a tratti persino disinteressato. Mentre raccontavo del mio lavoro al giornale si alzò da tavola per uscire a fumare.

«Mi dispiace per quello che ti è successo» disse Lola quando lui uscì. «Conosco bene il dolore e non riesco a rimanere indifferente di fronte alle sofferenze degli altri.»

«Grazie» le dissi sfiorandole la mano. «Si vede che doveva andare in questo modo. Ripensandoci oggi, negli ultimi mesi era molto cambiato. Tornava a casa stanco e si addormentava sul divano subito dopo cena. Ero molto preoccupata, pensavo si fosse ammalato. Era così dimagrito, non mangiava più. Da parte mia cercavo di non disturbarlo, di non dargli fastidio... e invece lui si preparava a lasciarci.»

«È così che siamo fatti, mettiamo a tacere la parte più intuitiva della nostra coscienza, e quando il colpo arriva è dieci volte più violento.»

«È esattamente quello che è accaduto. Ho continuato a raccontarmi la storia di un matrimonio e di una famiglia che non esisteva.»

«Non è colpa tua» disse lei prendendomi la mano, «non c'è nulla di più facile che credere alle proprie bugie... E i ragazzi come l'hanno presa, se posso chiedere?»

«Nanda, Fernanda, mia figlia di undici anni, lo ha supplicato di non andar via. Si è messa di fronte alla porta per impedirgli di uscire. Ma lui è andato via comunque e ora lei non vuole più parlargli. Teo è il maggiore, ha compiuto quattordici anni quest'anno. Mi ha detto: "Eravamo in tre prima e siamo in tre adesso. Papà non c'è mai stato davvero".»

*

Dopo cena Lola, lo scrittore e io lasciammo il ristorante e ci incamminammo verso la stazione della metropolitana. Lo scrittore camminava avanti, di fretta, fumando nervosamente. Erano quasi le undici di sera quando passammo per Clinton Street.

«Qui abitava Leonard Cohen» disse voltandosi verso di noi. «Ora il quartiere sta cambiando, costruiscono condomini di lusso ovunque, ma negli anni Settanta in questa strada abitavano solo artisti e delinquenti.»

Ci fermammo un momento e guardammo in alto: davanti a noi lo scheletro d'acciaio di un palazzo in costruzione e i ganci metallici delle gru che privi di peso oscillavano al vento. Dall'East River saliva nitido un odore di alghe e di salsedine, stava cambiando il tempo.

Lo scrittore si schiarì la voce con un colpo di tosse.

*"It's four in the morning, the end of December"* cominciò a cantare, con quel suo accento latino che mal si prestava ai versi della canzone di Cohen.

*"I am writing you now just to see if you're better..."* per un instante sembrò aver dimenticato le parole. Fu Lola a suggerirgliele con un filo di voce: *"New York is cold, but I like where I'm living, there's music on Clinton Street all through the evening..."*.

Lo scrittore afferrò la mano di Lola che si esibì in un passo di danza – una *molinete*, disse poi – e subito dopo prese la mia.

«Non so ballare» protestai mentre lui con il braccio mi cingeva stretta la vita.

Sopra di noi volteggiavano chiassosi i gabbiani.

«Questo si chiama *abrazo cerrado*» disse accostando il suo petto al mio e sfiorando la mia guancia con la sua.

Dall'alto ci spiava una fragile luna, ferma al primo quarto. Rimanemmo ancora un momento abbracciati finché ci colse la pioggia.

Mi chiesi più volte quella sera cosa facessi lì, perché avessi deciso di raccontare la mia vita a una platea di sconosciuti, e perché ballassi sotto la pioggia con quella coppia di estranei nella strada dove Leonard Cohen aveva vissuto cinquant'anni anni prima, quando a Clinton Street c'era musica tutta la notte e alle quattro del mattino si scrivevano ancora canzoni fatte solo di note e malinconia.

*"I guess that I miss you, I guess I forgive you..."* cantava Cohen, ed era quello che in quel momento pensavo anch'io di mio marito.

Arrivammo alla metropolitana con i vestiti bagnati. Nel treno Lola sedette accanto a me. «Ho freddo» le dissi facendomi più vicina. Lungo le braccia nude, la pelle si contraeva formando piccoli clivi opalescenti. Lola tirò fuori dalla borsa uno scialle di maglia azzurra, ancora asciutto, e mi circondò le spalle.

«Va meglio ora?» disse sfregando le sue mani sulle mie.

Durante il tragitto mi mostrò il video di una sua esibizione in una milonga del Lower East Side. Aveva i capelli raccolti e un vestito rosso incrociato sulla schiena che le metteva in risalto la linea morbida dei seni. Era una sensualissima *tanguera*.

Arrivò la mia fermata. «Il prossimo weekend facciamo una festa in terrazza» fece in tempo a dirmi, «ti andrebbe di venire? Ci saranno scrittori e artisti, vedrai che ti divertirai.» E abbracciandomi mi fece scivolare in tasca il biglietto da visita.

«Tieni lo scialle» mi sussurrò in un orecchio, «ci vediamo presto.»

Senza sapere bene dove guardare e cosa rispondere, scesi alla fermata sulla Ottantaseiesima strada e loro proseguirono per East Harlem. Mi sembrò, nei giorni seguenti, di sentire ancora il bisbiglio caldo di Lola nell'orecchio – "ci vediamo presto" – e la presa stretta dello scrittore attorno alla vita.

*

Erano passati quasi tre anni dal nostro primo incontro. Lo scrittore era morto e Lola era stata arrestata e rinchiusa in un centro di detenzione per immigrati illegali. La prima volta le parlai solo per pochi minuti.

«Questa telefonata arriva da una prigione federale nello Stato di New York. Lola Parra è in linea» disse una voce metallica dall'altra parte del ricevitore.

«Pronto, Lola? Lola?»

«*Estoy aquí.*»

«Tesoro, come stai?»

«*Bien*, credo... anch'io sono l'America.»

«Come?»

«È l'ultimo verso di una poesia di Langston Hughes... "anch'io sono l'America". L'ho detto ieri a una guardia che ci rimproverava. Si beffava delle mie compagne che non capivano cosa dicesse. "Questa è l'America" ha esclamato allargando le braccia, "nessuno parla più inglese qui".»

«Mi dispiace così tanto, Lola.»

«Sai, Alma, credo che mi deporteranno. L'avvocato dice che non mi faranno rimanere qui.»

«Non è possibile, anche ora che lo scrittore è morto è pericoloso per te tornare al tuo Paese. I paramilitari si potrebbero ancora vendicare. I tuoi avvocati devono dirlo a quelli dell'immigrazione.»

«Alma, c'è una ragione per cui sono qui illegalmente, ho commesso un reato molto tempo fa nel mio Paese. Non sono mai stata ufficialmente incriminata ma gli inquirenti mi cercano ancora per interrogarmi. È per questo che in tutti questi anni mi sono nascosta clandestinamente a New York. Lo scrittore sapeva tutto e mi ha aiutata.»

«Che reato?»

«È una cosa molto complicata da spiegare e ho solo pochi secondi. Ho paura, Alma...»

«Lola? Pronto, Lola? Pronto!»

In tutto quel tempo, Lola non mi aveva mai detto di essere illegale negli Stati Uniti.

# III

# O CON ODIO O CON AMORE
# MA SEMPRE CON VIOLENZA

*Scrittore*

Un minuto dopo lo sparo le cellule del cervello cominciano a morire.

Tre minuti dopo, i neuroni subiscono danni profondi.

Cinque minuti dopo, la morte diventa imminente.

Dieci minuti dopo, anche se il cervello non è ancora morto, si entra in coma e i danni cerebrali sono irreversibili.

Quindici minuti dopo, sopravvivere diventa impossibile.

*Se stai pensando al suicidio o conosci qualcuno che ci sta pensando chiama il numero verde 1-800-273-TALK.*

Una volta, alla televisione, uno psichiatra spiegò cosa si prova nei minuti che passano tra il momento in cui si decide di morire e quello in cui si compie il gesto. Una combinazione di panico, agitazione e urgenza. Il desiderio di sfuggire a un dolore insopportabile. La sensazione di essere in trappola.

La maggior parte delle persone che vuole togliersi la vita non muore. Per ogni undici tentativi, uno solo va a buon fine. Questo perché la decisione di uccidersi è spesso dettata da un impulso improvviso frutto di una crisi transitoria. Le donne fanno più tentativi degli uomini ma di solito usano mezzi meno letali, per questo falliscono. La riuscita del gesto sta tutta nel metodo.

*Chi ha pensieri suicidi si sente isolato, depresso, senza speranza. Ma non sei solo, parla con qualcuno oggi stesso. Spesso chi pensa al suicidio non vuole veramente morire, vuole solo mettere fine alla sofferenza.*

Tempo fa lessi l'intervista di un ragazzo che aveva tentato di uccidersi gettandosi dal Golden Gate. Raccontò di essersi pentito nel momento stesso in cui saltava dal ponte. Era stato davvero fortunato: dopo un salto di più di settanta metri, l'impatto con l'acqua della baia di San Francisco non lo aveva ucciso. Incredibilmente era stato un leone marino a salvarlo, riportandolo in superficie.

Ma un'arma da fuoco è diversa, la maggior parte delle volte non ti dà una seconda possibilità. Quando si compra un'arma da fuoco per la prima volta, il rischio di usarla per togliersi la vita aumenta di nove volte nelle settimane successive all'acquisto e rimane elevato per anni.

*Per molte persone è normale sentirsi sole e avere pensieri suicidi durante le Feste. Se questi pensieri persistono, chiedi aiuto a uno specialista.*

Dopo un colpo al cuore si vive per sei minuti appena. I più sfortunati arrivano anche a quindici minuti. Chi non perde conoscenza immediatamente entra in agonia. Potrei spararmi al cervello per soffrire di meno ed essere sicuro di centrare l'obiettivo. Chi si spara al cuore rischia di mancare il bersaglio e sopravvivere. Quando il colonnello Aureliano Buendía, racconta García Márquez, si sparò un colpo di pistola al petto, il proiettile uscì dalla schiena senza ledere alcun organo vitale. Per questo molti preferiscono spararsi alla tempia destra (la sinistra per i mancini) oppure in bocca o in fronte. Ma spararsi in fronte è rischioso. A volte si finisce solo per danneggiare la corteccia celebrale, con conseguente paralisi, senza però riuscire a uccidersi. Il cervello umano è straordinario. Può sopravvivere anche dopo aver subito danni molto seri. Meglio allora farlo morire privandolo dell'ossigeno. E quindi meglio puntare al cuore.

*Quando ti sembra che non valga più la pena vivere, il suicidio può apparire come l'unico rimedio possibile. Se è questo che provi, devi sapere che ci sono altre opzioni.*

Abraham Lincoln sopravvisse per alcune ore dopo che un proiettile di piccolo calibro, sparato alla nuca da una distanza ravvicinata, non riuscì a uscire dal cranio. Si corre qualche rischio anche quando si decide di puntare al mento. Il colpo sparato potrebbe spingere la testa all'indietro facendo cambiare direzione al proiettile, e quindi il danno potrebbe non essere letale. Se si sceglie la tempia invece si hanno buone possibilità. Con una mano si tiene ferma la pistola e con l'altra si preme il grilletto. Qualche sfortunato però manca il cervello e colpisce i nervi sottostanti, quelli che passano attraverso gli occhi, e così rimane cieco. Ho letto che colpire il tronco encefalico alla base del cranio assicura una morte velocissima perché quella è la parte del cervello che controlla la respirazione e il battito cardiaco. In questo caso è meglio posizionare la pistola in bocca e puntarla leggermente verso il basso.

*Se leggi questa pagina internet vuol dire che c'è una parte di te che cerca aiuto e non vuole morire.*

Ho comunque deciso che non voglio spararmi in testa. Non voglio che Lola trovi pezzi del mio cervello sparsi sulla parete come fece la moglie di Hemingway – all'inizio Mary dichiarò che il marito si era sparato accidentalmente mentre di mattina presto puliva il fucile da caccia, ma Hemingway si era suicidato proprio come suo padre. Ecco, non voglio spararmi al volto come fece lui. Se infatti il proiettile dovesse trovare una via di fuga, sangue, cervello e frammenti di ossa verrebbero sparsi ovunque. Il mio viso probabilmente rimarrebbe sfigurato e non voglio terrorizzarla più di quanto non sarà già.

Chi sceglie il suicidio solitamente non ha paura di morire e ha una maggiore tolleranza al dolore. Esperienze passate di dolore fisico rendono un soggetto più preparato al suicidio. Abusi fisici o sessuali negli anni dell'infanzia, esperienze di guerra, violenza domestica preparano un individuo al dolore fisico associato al suicidio. In questo posso dire di essere un candidato ideale.

Quando si spara al cuore è importante che il proiettile non venga deviato dalle costole ma che arrivi dritto all'obiettivo. Allora, se si usa una pistola, è bene posizionarla sotto le costole di sinistra e puntare in alto verso la parte destra del collo – sono mancino e non dovrebbe essere un problema per me. In questo modo anche se si sbaglia e non si colpisce il cuore ci sono buone probabilità di prendere l'aorta o la vena cava.

*Anche se in questo momento pensi che i tuoi problemi non abbiano soluzione, non significa che la soluzione non esista. Vuol dire semplicemente che in questo momento non riesci a vederla.*

Non sono un malato di mente, non più di tante altre persone che si reputano sane, e non sono un tossicomane. La mia è una decisione razionale, lungamente pensata, proprio come pensata è stata la decisione di non avere figli. Tutti si immaginano la vita – sognano, organizzano, progettano –, io da anni immagino la morte.

Ogni anno circa quarantottomila americani si tolgono la vita. La maggior parte sono uomini e la maggior parte usa un'arma da fuoco. Io voglio essere uno di loro.

L'ultimo degli americani.

*

Sono giorni che non esco.
Non ho appetito.
Non dormo.
Non parlo con nessuno.
Lola viene a bussare.
Non rispondo.
Mi lascia un vassoio fuori dalla porta.
Non mangio.
Mi dice di prendere le medicine.
Non le prendo –
mi provocano confusione,
perdite di memoria,
un sinistro tremore alle mani.
A volte Lola si siede a terra.
La schiena contro la parete,
le gambe rannicchiate sotto il vestito,
il capo chino,
i capelli appiccicati al viso.
Sospira Lola,
piange,
si addormenta sul pavimento.
Qualche volta mi parla.
Mi racconta di quando eravamo bambini,
di quando scalzi correvamo nei campi dell'*hacienda*.
Di quando guardavamo i gamberi nel fiume,
*le antenne ondeggianti* e *i corpi gemmati*.
Le urlo di tacere.
Le dico che la detesto.
Le ordino di andarsene.
Urlo.
Non ho più voce ma intanto urlo.
Sbatto la testa contro il muro.

«Basta, basta!» dice lei supplicandomi.
E allora smetto.
Ho i capelli bagnati.
La camicia strappata.
I pantaloni intrisi di urina.
Sudo.
Piango e sudo.
Ho male dappertutto.
Grido ancora.
Le urlo di andarsene.
Ma Lola resta
e io le sono grato.
Sono stanco,
mi addormento, finalmente.
La notte passa tra incubi e risvegli,
tregue e agguati.
È di nuovo mattina.
Sono ancora vivo.
Apro gli occhi.
Un cardinale rosso saltella sul davanzale della finestra.
È un maschio.
Le femmine hanno un piumaggio grigio-bruno.
Lo guardo:
la cresta elegante sul capo,
la mascherina nera intorno agli occhi,
una bavetta morbida sul mento.
Canta il cardinale,
sembra gradire i semi
che ho lasciato per lui sul davanzale.
Ora si volta
e picchia con il becco contro il vetro.
Che abbia visto la sua immagine riflessa
e non si sia riconosciuto?

Succede spesso anche a me.
Mi guardo e non mi riconosco,
prendo a pugni la mia ombra.
Ha paura il cardinale.
Rizza la cresta,
scuote la coda,
segnala il pericolo:
aspri cinguettii,
pigolii metallici.
Vola via.
Lo guardo allontanarsi dal quadro della mia finestra:
un foro rosso sulla tela incolore del cielo.
Mi alzo.
Apro la porta.
Lola è rannicchiata sul pavimento.
Si sveglia.
Mi guarda.
Le dico: «È passato, sto meglio».
Lei sorride.
Si solleva seduta.
Con una mano si massaggia la schiena.
«È finita» dice sospirando.
«Tornerà» le rispondo,
«torna sempre.»
E infatti la sera stessa ricomincio.

*

Quando eravamo bambini, Lola e io passavamo lunghe ore sulla riva del fiume che lambiva l'*hacienda* di mio padre. Ci piaceva guardare i gamberi che uscivano ed entravano dalle loro tane. A volte ci appostavamo con il retino appena vedevamo *le antenne ondeggianti e i corpi gemmati* sbucare dalle rocce. Eravamo come Theodore, il poeta morto dell'*Antologia di Spoon River*, che leggevamo in quegli anni. E come Theodore anche noi ci chiedevamo cosa sapessero e cosa desiderassero quei gamberi e perché mai vivessero. E poi sulla strada di casa vedevamo i mandriani condurre il bestiame alle stalle e i contadini tornare dai campi. Guardavamo mio padre ispezionare le piante di caffè e mia madre dare ordini alla cuoca. E guardando loro ci chiedevamo come vivessero e per cosa, e perché si affannassero. E già allora Lola e io capivamo che tra la loro vita e quella dei gamberi non c'era alcuna differenza.

Mi sono chiesto spesso perché, dopo l'*Antologia di Spoon River*, Lee Masters si fosse affannato così tanto a scrivere e a pubblicare. Perché proprio lui, che sapeva bene che la vita non ha alcun significato, avesse deciso di lasciare l'Illinois e trasferirsi a New York per inseguire la carriera letteraria. Lee Masters non riuscì mai a ripetere il successo di *Spoon River*. Si ritrovò in una stanza del Chelsea Hotel solo, deluso e senza soldi. E da quella stanza uscì anni dopo per entrare in una casa di cura della Pennsylvania dove poi sarebbe morto, ormai sfinito nel corpo e nella mente.

Che senso ha avuto la sua vita? Che senso ha avuto la scrittura se non lo ha aiutato a vivere? Se lo ha solo condotto più velocemente alla pazzia?

"Persino la mia polvere ride
al pensiero di quella cosa umoristica che è la vita."

*

Una volta al mese, la madre di Lola, che lavorava come domestica in casa mia, ci accompagnava al cinema in città. Eravamo sempre un po' in ritardo perché Lola era lenta a prepararsi, e se uscendo di casa si accorgeva che le trecce le erano venute storte e non erano perfettamente ripartite sulla nuca tornava indietro ad aggiustarsele. Sua madre Amparo continuava a chiamarla dal giardino ma Lola non usciva. E io sbuffavo sul sedile posteriore dell'auto che Gustavo, l'autista di mio padre, teneva accesa nel vialetto, premendo di tanto in tanto il piede sull'acceleratore.

Alla radio Carlos Gardel cantava *Por una Cabeza*, la canzone preferita di Amparo. Gustavo la metteva solo per lei sperando che come il cavallo di Gardel anche lui, tra tutti i pretendenti, avrebbe finito per vincere la corsa, magari solo per una lunghezza. Amparo batteva il ritmo con il piede facendo ondeggiare leggermente la gonna. Aspettava l'accento giusto nella musica per esibirsi in un piccolo *boleo*, a volte addirittura in una *pica*, mentre Gustavo continuava a guardarla dallo specchietto laterale.

*"Por una cabeza, de un noble potrillo"* cantava Gardel.

Amparo teneva il tallone a terra muovendo la punta del piede da un lato all'altro, lungo un arco invisibile, come fosse l'ago di una bussola. Gustavo la osservava. Aspirava il fumo della sigaretta e lo restituiva in cerchi concentrici che incorniciavano l'immagine di lei riflessa nello specchio.

*"Si ella me olvida qué importa perderme"* sussurrava Gustavo, duettando con Gardel.

Amparo lo spiava sotto le sopracciglia increspate. Lo guardava timidamente, quasi controvoglia. E quando allo specchio incontrava gli occhi irrequieti di lui, distoglieva lo sguardo e tornava a fissare la scarpetta rossa che batteva il ritmo sulla ghiaia.

Alla fine, Lola usciva. Mi torna in mente ora con un vestito bianco che mia madre le aveva regalato l'anno prima per la festa della Madonna del Soccorso. Le era diventato corto e dalla gonna di sangallo sbucavano gambette scure e ginocchia perennemente sbucciate. Era magra e spigolosa e mai avrei pensato che da quel busto ossuto, nel quale si vedeva persino la cavità ensiforme dello sterno, sarebbero spuntati seni tanto prosperosi.

La città era rumore, sudore e carne. Gli ambulanti gridavano per attirare l'attenzione dei passanti. Ovunque sentivo odore di *fritanga* ed *empanadas*. Le donne cuocevano *arepas*, friggevano *patacónes* e cantavano canzoni d'amore. In quegli anni ero affascinato dalla città. Sognavo di trasferirmi lì per frequentare le scuole superiori. Ignoravo allora quanto sarebbe stato doloroso separarmi da Lola.

Prima di entrare in sala, Amparo comprava popcorn e gomma americana. Sapeva bene che mio padre avrebbe disapprovato. Ma di quei pomeriggi in città noi non raccontavamo nulla. Era il nostro tempo e di quel tempo sapevamo di dover custodire il segreto. Ricordo ancora la trepidazione con la quale noi bambini stavamo seduti aspettando che iniziasse lo spettacolo. I piedi che ancora non toccavano terra e le bocche aperte per lo stupore che sapevamo sarebbe arrivato.

Guardavo il profilo di Lola nella luce intermittente del film. Le trecce nere odoravano come i fiori bianchi del caffè, un profumo simile a quello del gelsomino. A volte Lola aveva paura e mi prendeva la mano nel buio mentre King Kong si arrampicava sulla punta dell'Empire State Building con la bella Ann stretta nel palmo. E quando i biplani Curtiss Falcon cominciavano a sparare contro il gorilla, Lola chiudeva gli occhi e tratteneva il respiro fino all'ultima scena.

"Sono stati gli aerei ad abbatterlo" diceva il poliziotto mentre la folla si accalcava per vedere il corpo di King Kong precipitato in strada.

"No, è stata la bella a uccidere la bestia" rispondeva il protagonista. Solo a quel punto, mentre scorrevano i titoli di coda, Lola mi lasciava un momento la mano per asciugarsi gli occhi con la gonna del vestito.

In quegli anni, la trepidazione con la quale guardavamo quei film era la stessa con la quale aspettavamo la vita. È una benedizione che non sapessimo allora cosa ci sarebbe accaduto. Se si facessero i figli solo seguendo un ragionamento logico, allora il genere umano cesserebbe di esistere. I figli sono prigionieri innocenti, condannati alla vita, non alla morte. Se tutti avessimo un po' di compassione per le generazioni future, risparmieremmo loro la fatica di esistere.

"Voi entrate nella stanza – vale a dire nascete;
e poi dovete vivere – rodervi l'anima.
Aha!" scriveva Lee Masters.

*

Alcuni uccelli volano coprendo l'intera estensione del globo. Lo fanno ogni anno solo per essere sicuri che altri uccelli dopo di loro seguano la stessa rotta. Quale è il senso di questo migrare? Perché va avanti da milioni di anni ripetendosi sempre uguale a se stesso? A Lola una volta venne in mente di costruire una voliera. Pensava che se gli uccelli avessero avuto un nido caldo e accogliente, sarebbero rimasti con noi alla *hacienda* invece di volare verso nord all'inizio della primavera. Pensai fosse una buona idea e decisi di aiutarla a cercare il materiale che le occorreva. Quando sua madre vide cosa stavamo facendo ci rimproverò: «Volare attraverso queste enormi distanze è ciò che gli uccelli devono fare in eterno. Se tutti i loro desideri fossero esauditi, cosa farebbero con la loro vita?

Come impiegherebbero il loro tempo? Probabilmente morirebbero di noia».

Alla fine, fu Gustavo a costruire per noi la voliera. Eppure, quell'anno nessun uccello migratorio, neppure un beccaccino lasciato indietro dallo stormo, decise di fermarsi con noi all'*hacienda*. Per consolarci Gustavo si presentò una domenica pomeriggio con una coppia di Ara macao scarlatti, tristi e malconci, provenienti da chissà quale contrabbando. La femmina non lasciava che il maschio le si avvicinasse e rifiutava il cibo che Lola le metteva nella gabbia ogni mattina – frutti di palma, piante di tarassaco e semi di miglio. Dopo qualche settimana, la trovammo supina con le zampe in aria, la testa voltata di lato, abbandonata sul collo morbido di piume. Per lo strazio Lola decise di liberare il maschio. Aprì la porta della voliera ma il macao non usciva. Mise una mano dentro per afferrarlo e quello le beccò un dito. Alla fine, il pappagallo saltellò verso l'uscita e con un goffo colpo d'ala volò sull'albero di *guayacan* più vicino, scuotendo le campanule gialle di fine fioritura. Il macao rimase qualche secondo a guardarci dall'alto, incerto sulla sua libertà, «Roberto, Roberto» garrì alzandosi in volo. «Ma chi è Roberto?» chiesi io. Lo seguimmo con lo sguardo per qualche minuto finché sparì, inghiottito dalla bocca nera del bosco.

Alcuni dicono che il senso della vita stia nella sofferenza. E per fortuna, aggiungo io, perché se invece il senso della vita fosse la felicità avremmo fallito tutti. La sofferenza è la sola regola. È pura follia pensare che tutto sia bene, quando invece tutto è male.

La sofferenza nella mia vita non è servita a nulla. Non mi ha reso migliore. Non mi ha fatto sentire vicino a Dio. Non ha nutrito la mia scrittura. A volte sono riuscito ad accettarla solo perché soffrire è il destino di tutti. Ma oggi questo non mi consola più: niente mi salva dalla solitudine dell'esistenza umana.

Negli anni ho avuto molte amanti: Alma, negli ultimi tempi, prima che anche lei si stancasse dei miei cambiamenti di umore; ma anche altre donne, quando lei non poteva incontrarmi o io non sopportavo più le sue attenzioni. A che scopo? Non so, forse era la noia o la vanità, il piacere della scoperta o della conquista. Ma nulla davo e nulla ricevevo. Riuscivo solo a liberarmi di un po' di malinconia, a spurgare un po' d'inquietudine. Erano comunque momenti brevi e nebulosi, passati i quali ripiombavo nella mia solitudine.

L'unica cosa che riesce davvero a dare significato alla vita è la morte, la consapevolezza di essere mortali. Poiché la vita non ha significato sarebbe ancora più insopportabile se durasse per sempre.

*

Un uomo intraprese un lungo viaggio fino all'Himalaya. Desiderava interrogare un saggio indiano che viveva in una caverna sul significato della vita. Esausto per il viaggio ma desideroso di avere una risposta, una volta raggiunta la caverna chiese al saggio: "Quale è il significato della vita?". Il saggio ci pensò a lungo e poi sgranando gli occhi disse: "La vita è una fontana". Il viaggiatore allora si adirò: "Cosa significa che la vita è una fontana? È ridicolo! Non ho viaggiato migliaia di chilometri per avere questa risposta!". Il saggio alzò lo sguardo verso il viaggatore e disse: "Vuoi dire che la vita non è una fontana?".

Questo racconto ha anche una variante nel finale.

Il saggio guardò il viaggiatore e disse: "Allora la vita non è una fontana".

Ho sempre amato questa storia. La racconta Nozick in un suo scritto. Il saggio dice al viaggiatore che la vita è una fontana. Il viaggiatore lo accusa di essere un imbroglione.

Che significa? Forse il saggio non si è mai posto quella domanda o forse la domanda e la possibile risposta non lo interessano? Il saggio non sembra avere nessuna ansia di interrogarsi sul senso della vita. Non ha bisogno di dare un significato alle cose. E allora chi ha ragione, il viaggiatore esistenzialista o il saggio zen? Chi vive meglio dei due, chi cerca risposte o chi trova pace non ponendosi domande? La risposta del saggio è volutamente senza senso perché la domanda è senza senso. La vita non ha significato. Non siamo qui per alcun motivo. Siamo semplicemente accaduti.

C'è qualcosa che riesce a dare un senso alla vita? Forse trovare l'amore? Credere in Dio? Avere dei figli? Raggiungere il successo? Ottenere il potere? Lottare per la giustizia sociale? Lasciare una traccia nel mondo? Tutti credono che una vita significativa lasci tracce permanenti. Siamo ossessionati dal bisogno di lasciare tracce. È l'illusione di sopravvivere alla morte che ci rende produttivi. Eppure, anche l'operosità non allevia il tormento, ci rende solo più infelici.

Cosa succede invece se si muore senza lasciare tracce? Essere dimenticati vuol dire aver vissuto una vita senza significato? E se le tracce che lasciamo non avessero comunque alcun significato? E se alcune vite invece avessero senso pur non avendo lasciato tracce? E se le tracce che noi reputiamo non permanenti avessero più valore di quelle permanenti?

Tutti abbiamo il terrore che la vita scorra via senza significato. Tutti vogliamo poter credere di non aver vissuto inutilmente.

*

Forse l'unico modo per continuare a vivere è riuscire a dimenticare. Io invece passo continuamente dalla mia vita di prima a quella di adesso, da quel tempo a questo tempo, da quel Paese a questo Paese. Era il 1979 e mia madre mi amava quando mi ha messo al mondo? Era il 1991 e io chi ero e come vivevo? Era il 1997 e noi che Paese eravamo? È il 2020 e ho davvero deciso di morire?

Non so più se quello che scrivo è la verità oppure è solo il racconto del dolore che la verità mi provoca. È veramente tutto successo? Ricordo, ma allo stesso tempo non vorrei. A volte penso che la mia esperienza, il mio racconto, possa essere utile a qualcuno, come fosse un vaccino – anticorpi che viaggiano attraverso le parole. Poi mi accorgo che non è così. Non posso salvare nessuno. Non ho nulla da insegnare. Ho cercato per molto tempo di inventarmi qualcosa che assomigliasse a una vita, ma non mi è venuto in mente nulla. Ho cercato di credere in qualcosa, ma non ho trovato niente. Rivivo dentro di me tutto ma poi non so che farmene. Che lezione avrei dovuto imparare?

Come un uccello che scappa dal suo predatore, non cerco salvezza, solo un posto dove morire con dignità.

*

Negli anni, la mia vita passata è tornata a farmi visita sempre in momenti inaspettati. Arrivava ogni volta che avevo la guardia scoperta, le gambe pesanti, lo sguardo fuori fuoco. I ricordi colpivano all'improvviso con una serie iniziale di uno-due sferrati a freddo, in rapida successione, con lucida violenza. E a niente servivano le difese, le schivate, le deviazioni e gli spostamenti che avevo messo a punto nel tempo per sottrarmi a quelle intense combinazioni di ganci e montanti.

Anni fa ero in volo da LAX a JFK. Avevo preso un *redeye,* i voli che partono di notte dalla California e arrivano a New York di primo mattino sfruttando le tre ore di fuso orario tra le due città. Tornavo da una conferenza all'Università di Los Angeles e lo stesso giorno dovevo presentare il libro di uno scrittore messicano in una libreria di Williamsburg. Avrei dovuto dormire in aereo ma non mi riusciva. Avrei dovuto finire di leggere il libro che dovevo presentare ma non ne avevo voglia. Chiesi all'assistente di volo un quotidiano da leggere e lui si presentò qualche minuto più tardi con una copia del "Los Angeles Times". Lo sfogliai pigramente scorrendo le notizie del giorno. Arrivato alla pagina degli esteri mi colpì un titolo e un'immagine: *Il passato di un antropologo esce dall'ombra.*

A centro pagina c'era una foto in bianco e nero che conoscevo bene. Era quella dell'antropologo Gerardo Reichel-Dolmatoff e di sua moglie Alicia durante una spedizione in Amazzonia nel 1957. Per quasi sei decenni, diceva l'articolo, i due coniugi avevano studiato le popolazioni indigene dei Tucano lungo le rive del fiume Vaupés, quelle dei Kogi della Sierra Nevada di Santa Marta e le comunità Wayúu nella parte nordorientale del Paese. Era stato mio nonno a mostrarmi anni prima le foto di quelle spedizioni. Mi aveva portato alla Biblioteca Luis Ángel Arango, un pomeriggio che mia madre e io eravamo ospiti a casa sua nella capitale. Erano foto molto importanti che avevano fatto il giro del mondo, mi diceva. Ne ricordo una in particolare. Era quella di un Kogi della Sierra Nevada che masticava foglie di coca mischiate a polvere di lime. "Il lime serve per estrarre lo stimolante dalle foglie" scriveva Gerardo nella didascalia sotto la foto, "in modo che gli indigeni riescano a sopportare meglio la fame e la fatica." Solo molti anni dopo, leggendo articoli pubblicati da attivisti e documentaristi appartenenti a quelle comunità, mi resi conto di quanta poca scelta avessero avuto quegli uomini e quelle donne nel rappresentare al mondo se stessi e la loro vita. Era lo sguardo degli antropologi occidentali che vedevo in quelle foto.

Gerardo e Alicia Reichel-Dolmatoff erano amici di mio nonno Emil. Erano immigrati dall'Austria nel 1939. Mio nonno invece fuggì dalla Germania solo alla fine della guerra. La storia di Gerardo l'avevo sentita molti anni prima da mio nonno che lo aveva conosciuto nel 1935 a Berlino e ritrovato trent'anni dopo a una cena di gala all'Universidad de Los Andes, dove Gerardo aveva fondato il primo Dipartimento di Antropologia del Paese. Il "Los Angeles Times" paragonava Gerardo a una sorta di Indiana Jones del Sudamerica. "Nel corso di tutta la sua vita" diceva l'articolo, "l'antropologo aveva difeso i diritti delle comunità indigene in patria e all'estero."

Ma la vera notizia del pezzo riguardava il passato di Gerardo. La verità sulla sua vita era emersa dai frammenti di un diario appartenuto all'antropologo e da riscontri fatti negli archivi federali di Berlino e Washington. Gerardo era stato membro della gioventù hitleriana, poi del partito nazista austriaco e infine delle *Leibstandarte SS Adolf Hitler*, l'esercito privato che il Führer impiegò contro i suoi rivali politici nella Notte dei Lunghi Coltelli. Dalle SS Gerardo fu espulso nel 1936 e frammenti del suo diario furono pubblicati da una rivista di opposizione già nel 1937.

Leggere di Gerardo era come leggere di me, della mia famiglia, del nostro passato.

Volevo bene a mio nonno, il padre di mia madre, l'unico in famiglia a cui importasse qualcosa di me. Mio padre pensava solo al lavoro e agli affari. A volte quando mi guardava avevo l'impressione che si accorgesse di me solo in quel momento, tanto gli ero estraneo.

«Uno dei primi ricordi che ho dell'infanzia» mi ha detto una volta Lola «sei tu che piangi aggrappato alle gambe di tuo padre. Andavi da lui quando sfuggivi al controllo di Amparo – avrai avuto tre o quattro anni. Gli giravi intorno cercando di richiamare la sua attenzione. Gli mostravi un giocattolo rotto o gli offrivi l'avanzo di un *buñuelo*. Di solito lui era impegnato a parlare con il fattore o con qualche *ranchero* venuto in visita e non ti dava ascolto. Allora, piangendo, ti aggrappavi alla stoffa dei suoi pantaloni e tiravi con forza sobbalzando sulle ginocchia. Lui, senza guardarti e senza smettere di parlare, ti sgrullava via scuotendo la gamba due o tre volte o ti scacciava con il dorso della mano come fossi una grossa mosca cavallina.»

È dai racconti di Lola che so tutto questo. Di quei primi anni non ho ricordi.

Questo era mio padre. Mia madre, invece, quando riusciva ad alzarsi dal letto, era impegnata a fare la moglie, la padrona di casa che mio padre voleva che fosse – un lavoro a cui riusciva a dedicarsi solo quando iniziava una nuova cura e le pillole per qualche tempo sembravano fare effetto.

«Bisogna inibire i neurotrasmettitori, *Doña* Frieda» le diceva il dottor Villamizar, ma a quelle inibizioni seguivano lunghe settimane di insonnia, nausea e mal di testa. Se non c'era giovamento, il medico aumentava le dosi, cambiava medicine o aggiungeva altre pillole. Le combinazioni sembravano funzionare per un po', almeno fin quando mia madre non interrompeva la cura – solitamente nelle settimane in cui mio padre era lontano dall'*hacienda* per affari. In quei giorni, mia madre viveva cercando di sottrarsi alla vista di tutti, soprattutto alla mia. Quando la incontravo di notte in corridoio, divorata dall'insonnia, mi passava davanti senza vedermi. Al mattino aveva gli occhi incavati, i capelli appassiti, le labbra riarse, senza colore.

Il nonno viveva nella capitale. Veniva a trovarci durante le Feste e ogni volta che mia madre aveva le sue crisi e mio padre minacciava di farla ricoverare per l'elettroshock. Il nonno era vedovo e spesso si fermava con noi qualche settimana. Quando arrivava all'*hacienda* mi sembrava persino di veder sorridere mia madre.

«*Liebe* Frieda, ti trovo meglio dell'ultima volta» diceva mentendo. Poi le prendeva le mani nervose e la baciava teneramente sulla fronte, come fosse ancora una bambina.

Quando restavamo soli, mio nonno diceva che dovevo essere orgoglioso di avere un quarto di sangue tedesco. «Non dimenticare mai chi sei, non dimenticare la tua storia. Piangi se vuoi in spagnolo ma mai in tedesco, in tedesco devi solo gioire.»

«*Das weiß ich, Opa*» rispondevo, senza capire esattamente cosa volesse dire.

«La guerra è stata vinta dai Paesi sbagliati, *Junge*... ma un giorno vedrai... la Germania tornerà di nuovo grande. La Germania è più grande dei suoi leader, più grande persino della sua Storia. E per quanto riguarda questo Paese, farne parte non vuol dire abbassarsi alla sua cultura.» Poi il nonno tirava fuori dal portafogli una vecchia foto ingiallita che lo ritraeva in uniforme. Passava i polpastrelli sulla carta consumata, soffermandosi a lungo sul colletto della giacca dove era appuntata la spilla delle SS.

«*Meine Ehre heißt Treue*» diceva mettendosi sull'attenti.

Mio nonno era stato sergente nella prima divisione degli *SS Panzer Leibstandarte SS Adolf Hitler*, la LSSAH. All'inizio della guerra, era rimasto ferito in un agguato sul fronte orientale, dopo aver tentato senza successo di negoziare la resa delle truppe polacche. Passò molti mesi in ospedale e dopo essere guarito entrò a far parte del *Führer begleitkommando*, le guardie del corpo del Führer. Fu tra i pochissimi uomini a cui il cancelliere permetteva di rimanere armato in sua presenza.

Lavorò come telefonista, corriere e cameriere nel bunker dove Hitler si rifugiò alla fine della guerra e dove morì suicida. Mio nonno mi parlava spesso dei giorni del bunker e dei sei figli di Goebbels che giocavano con Blondi, il cane di Hitler, davanti alla stanza dove lui lavorava. Goebbels li avvelenò per non farli cadere nelle mani dei nemici, poi si suicidò insieme a sua moglie Magda dopo che anche il Führer ed Eva Brown si erano tolti la vita. «Avevo intuito cosa volessero fare ai bambini e per anni mi ha tormentato il rimorso di non aver fatto nulla per fermarli.» Mio nonno fu uno degli ultimi a lasciare il bunker prima che arrivassero i sovietici all'inizio di maggio del '45. Dopo la guerra lasciò la Germania per il mio Paese, certo che avrebbe goduto della protezione di alcuni politici conservatori. Il nome della mia famiglia appare oggi tra quelli dei nazisti scappati in Sud america, ma per moltissimo tempo nessuno si curò del nostro passato.

Migliaia di nazisti si rifugiarono in Sudamerica dopo la guerra. Gerardo e mio nonno non erano certo noti come Josef Mengele, il dottore di Auschwitz, emigrato in Brasile, o Adolf Eichmann, l'ideatore della soluzione finale, rifugiato in Argentina, o Eduard Roschmann, il macellaio di Riga, anche lui scappato in Argentina. Nel mio Paese, poi, fuggirono meno nazisti che altrove. Preferirono scappare in Argentina, in Brasile e in Cile, dove erano protetti dai regimi militari. Eppure, nel 1954, un agente della CIA di stanza a Maracaibo comunicò al governo di Washington che il Führer viveva in una piccola cittadina a qualche ora di macchina dalla nostra *hacienda*.

«Stupidaggini» diceva mio nonno, «Hitler è morto a Berlino, l'ho visto con i miei occhi. Quando sono entrato in quella stanza, Eva Brown era seduta accanto a lui. Era scalza, le scarpe abbandonate ai piedi del divano, le gambe raccolte. Il viso era rivolto verso il Führer come se avesse voluto guardarlo un'ultima volta. Nei giorni precedenti l'avevo sentita parlare con Magda Goebbels in corridoio, dicevano che volevano morire con i loro uomini. Il Führer aveva gli occhi aperti anche da morto. La testa era piegata leggermente in avanti. Sembrava stesse fissando qualcosa sul pavimento» e mentre lo diceva ne mimava la posa. «Hitler non voleva che il suo corpo fosse oltraggiato come quello di Benito Mussolini, per questo lasciò detto al suo assistente, Otto Günsche, che voleva essere cremato.»

C'erano cose di cui mio nonno non parlava mai. Dell'Olocausto avevo letto su alcuni libri che mio padre teneva sui ripiani più alti della libreria. Quando una volta chiesi al nonno di raccontarmi quella parte della Storia, lui rispose di non saperne nulla e anzi precisò di non aver mai sentito il Führer parlare dello sterminio degli ebrei.

Nelle settimane in cui il nonno era con noi, Lola e io ci parlavamo appena.

«Quando la smetterà questa *chica* di girarti intorno? *India malparida*, ma che vuole da te?» diceva mio nonno ad alta voce affinché lei potesse sentirci. Lola si rattristava moltissimo per quei commenti, e dopo che il nonno partiva passava giorni interi a vendicarsi e io a cercare di farmi perdonare.

«Ho sentito tuo padre dire a tua madre che il nonno è un grande bugiardo» mi disse una volta appena lui partì in macchina per andare all'aeroporto. «Le storie sul bunker di Hitler sono tutte inventate. Non è la sua vita che ti racconta ma quella di un altro ufficiale... un certo Rochus Misch, che nel bunker c'è stato davvero, così dice tuo padre.»

«Bugiarda sei tu» le risposi dandole una spinta.

Lola perse l'equilibrio e cadde a terra. Si fece male e piagnucolò. Stavo per aiutarla a rialzarsi ma lei mi tirò un calcio.

«*India malparida*» le urlai toccandomi la caviglia.

Mi pentii subito di averla chiamata così. Avrei voluto scusarmi ma Lola mi schiaffeggiò e io per vendicarmi le tirai le trecce. Piangemmo entrambi. Amparo intervenne e fummo spediti in cucina ad aiutare la cuoca a preparare i fagioli.

C'era nel modo in cui Lola apriva i baccelli un qualcosa di crudele, quasi di vendicativo. Separava le estremità dei legumi con efferata precisione e con le dita espelleva i fagioli facendoli rotolare come tante teste all'interno della pentola di rame. Il tintinnio di quelle decapitazioni mi faceva passare l'appetito.

Verso l'ora di cena, mentre i *frijoles* bollivano e la caviglia dove mi aveva colpito batteva ancora, tornai a supplicarla. Lei fingeva di non sentirmi.

«Clara, le galline starnazzano più del solito, stasera» disse alla cuoca mentre con l'unghia si accaniva sulla crosta ancora fresca di una sbucciatura.

Lola aveva un talento particolare per troncare le più difficili conversazioni con poche, incontrovertibili parole o con rari, spietati monosillabi che ogni volta mi lasciavano addosso un senso di disperata solitudine. E così andavamo avanti per giorni, io a implorare e lei a ignorarmi. Credo che alla fine decidesse di perdonarmi solo per non sentirmi più supplicare.

*

*Alma*

Spesso, dopo l'amore, lo scrittore e io parlavamo di libri.

«Quali parole della letteratura ami di più?» gli chiesi un pomeriggio.

«Non saprei, ce ne sono molte. Il dialogo tra Meursault e il prete in Camus, la vecchia di Vasilij Grossman che per pietà si prende cura del nazista ferito anche se le ha bruciato il villaggio... e Cicerone raccontato da Zweig, quando va incontro ai sicari di Marco Antonio invece di fuggire. Mi rivedo nei libri in cui si rivedono tutti, credo.»

Al tempo non me ne resi conto ma erano tutte scene che precedevano una morte.

Lo scrittore rimase in silenzio per qualche minuto come sospeso, toccandosi il dito mozzato, un gesto che credo lo aiutasse a pensare.

Poi riprese.

«Ultimamente mi capita di pensare spesso al dialogo tra José Arcadio Buendía e sua moglie Ursula.»

«In *Cent'anni di solitudine*?»

«Sì.»

«E cosa dicono?»

«Dice Arcadio: "Non abbiamo avuto ancora neppure un morto qui. Una persona non appartiene a un posto finché non c'è qualcuno morto sottoterra".»

«E Ursula che gli risponde?»

«Lei dice: "Se devo morire perché voi altri restiate qui, allora morirò".»

«Mi piace» gli dissi, «ma cosa significa, e perché ci pensi?»

«Penso che non si appartiene al luogo in cui si nasce ma a quello in cui si muore.»

«Beh, io non voglio certo morire qui» risposi fingendomi allegra, «voglio morire in Italia.»

«Se non morirai qui i tuoi figli non apparterranno mai a questo luogo. È sul corpo dei morti che crescono le radici dei vivi.»

Lo scrittore amava credere di potermi insegnare la vita. Quel giorno voleva insegnarmi anche la morte. Non potevo immaginare allora che era della sua morte che mi parlava.

Mi alzai dal letto portandomi dietro il lenzuolo. Feci qualche passo verso la finestra. C'era odore di muffa vicino al radiatore. Sottili venature blu correvano sotto l'intonaco corrugato del muro. Era vicina la fine dell'anno. Fuori il sole tramontava sul porto, troppo stanco ormai per raggiungere l'Hudson, più a ovest, e sparire dietro le colline glabre del New Jersey.

«Oggi mi ha scritto quell'editore americano di cui ti parlavo» gli dissi senza voltarmi, «l'ennesimo rifiuto... non credo mi pubblicheranno mai qui.»

«Non mi sorprende, ma ricordati che, a parte qualche racconto, Kafka in vita non ha mai pubblicato.»

«Non sono Kafka.»

«Lo so, per questo alla fine vedrai che troverai un editore» rispose sardonico.

«Il libro parla di razza e religione» dissi seria, «questioni controverse di cui io, bianca e cristiana, non dovrei occuparmi. È appropriazione indebita di cultura altrui.»

«Stronzate. Seguendo questo ragionamento tu dovresti scrivere solo di italiani in America e io solo di sudamericani.»

«Proprio così. Secondo loro si deve rimaner confinati nel proprio ambito culturale per dare spazio a chi non ha mai potuto scrivere della propria cultura.»

«Solo ipocrisia, il delirio del politicamente corretto» disse ridendo, «il racconto dell'esperienza umana non può conoscere confini. Non vorrei mai che a scrivere della mia cultura fossi solo io e chi è come me. Ne usciremmo tutti impoveriti. E poi qual è la mia cultura oggi, dopo vent'anni che vivo a New York? Sono contaminato dalla cultura di tutti. E sono stanco che il mio nome sia sempre accompagnato da una specificazione di luogo, *lo scrittore di*. Io non sono più di nessun luogo.»

«Intanto non trovo un editore.» Mi accorsi allora che non riuscivo più a tener ferma la voce. «Non so neppure perché ci tengo tanto a pubblicare» dissi voltandomi, «che differenza farebbe nella mia vita?»

Mi guardò senza mostrare alcuna emozione.

«Nessuna» rispose.

«E oggi, devo confessare, non so più spiegare perché scrissi quel primo libro e perché continuo a scrivere ogni giorno, in modo compulsivo, come fosse un'azione irrinunciabile, un bisogno primitivo del corpo. E lo faccio senza neanche il piacere degli inizi. Scrivo guardandomi le spalle, sentendomi osservata, come se ci fosse qualcuno in agguato pronto a giudicarmi. A cosa serve alla fine la scrittura?»

«A nulla» rispose lui, «la maggior parte degli scrittori viene dimenticata dopo la morte.»

«E allora perché tu scrivi?»

«Per provare a me stesso che sono esistito.»

# IV

# MEMORIE DI PACE E GUERRA

## *Scrittore*

Quando mio nonno veniva a trovarci, mia madre mi permetteva di mangiare in sala da pranzo con gli adulti. Amparo mi costringeva a mettere la camicia e la giacca, a volte persino le scarpe di pelle. Odiavo quella vestizione. Dopo pochi minuti, ero già tutto sudato. A tavola il nonno voleva parlare di politica. Sperava ogni volta di poter coinvolgere mio padre nella conversazione, ma raramente gli riusciva. A mio padre interessavano solo gli affari: il prezzo del petrolio e quello dell'oro, gli investimenti di Borsa e quelli nelle raffinerie. Mia madre invece taceva quasi sempre. Lo sguardo assente, affogato da qualche parte nella zuppa tra il pollo e le foglie di *guasca*. Solo ogni tanto alzava gli occhi per guardarmi, come se d'improvviso si accorgesse che anch'io sedevo a tavola con loro. Poggiava il cucchiaio sul piatto di Limoges, portava il tovagliolo alla bocca e con voce querula mi ricordava di star seduto dritto e di non far rumore con il brodo. Io drizzavo la schiena e continuavo a mangiare stando bene attento a non risucchiare la zuppa. Dopo un po' non riuscivo più a sentirne il sapore.

Quando ero bambino la politica non mi interessava. Cominciai a occuparmene solo verso i dodici anni, quando il mio tutore, il *Señor* Forigua, iniziò ad addormentarsi durante le lezioni di matematica. Di solito, mentre io ero impegnato negli esercizi, il tutore si dedicava alla lettura del giornale. All'inizio leggeva attento, tenendo il segno con il dito.

«Non ci si può credere» esclamava ogni tanto e con la lingua bagnava l'indice della mano destra per voltare le pagine.

«Ora il Cartello mette autobombe pure all'uscita dell'arena dei tori?» diceva come pensando ad alta voce. «Ventun morti. È così che rispettano la tregua? Non gli è bastato aver fatto saltare in aria un aereo di linea due anni fa?» Dell'aereo esploso per assassinare il candidato alla presidenza, che neppure era a bordo, avevo sentito parlare alla televisione.

«Hai ancora dieci minuti per completare» mi ricordava ogni tanto e, sbadigliando e stropicciandosi gli occhi, dopo poco si assopiva. Lo guardavo: il mento appoggiato al petto, le braccia intrecciate sull'addome, scaglie di forfora a punteggiare di bianco le spalline della giacca. Dormiva per circa mezz'ora mentre io, finiti gli esercizi, aspettavo per lunghi minuti che si svegliasse.

Fu per vincere la noia che in quegli anni cominciai a leggere "El Tiempo" e gli altri quotidiani che il tutore teneva sulla scrivania. All'inizio sfogliavo le pagine solo per guardare le foto. Col tempo mi misi a leggere anche gli articoli. I giornali raccontavano di attentati e rapimenti. Scrivevano di politici, trafficanti, soldati e guerriglieri, dei soldi che gli Stati Uniti ci avevano promesso. Erano le stesse cose di cui parlava mio nonno nelle settimane in cui veniva in visita.

A tavola ascoltavo i discorsi degli adulti in silenzio. Se parlavo era solo per fare i complimenti a mia madre per la zuppa, anche se tutti sapevamo che era stata Clara a prepararla. Era Amparo che mi ricordava di farlo. Veniva in camera mia prima dell'ora di cena per aggiustarmi il colletto della camicia o per sistemarmi i capelli sulla fronte.

«*Guapo*» diceva e con la lingua bagnava il pollice della mano destra e lo passava ai lati della bocca per pulir via le briciole dei *buñuelos*.

«Lasciami» le dicevo scansandomi. Ma Amparo sapeva bene che non ne ero infastidito.

A cena le invettive di mio nonno iniziavano sempre allo stesso modo.

«Usano tutti i mezzi, legali e non legali, per raggiungere i loro fini. Sono preti, professori, studenti, sindaci e parlamentari, persino giudici nelle nostre corti. Non importa l'occupazione, soldati o civili non importa. I comunisti ricoprono il ruolo che gli è più conveniente per ingannare e mentire, per prendere il potere.»

Mio padre annuiva senza interesse né convinzione. Preferiva sempre avere altri ospiti a cena – *rancheros* delle proprietà vicine o uomini d'affari venuti dalla città – per evitare di parlare con il nonno.

«Quante volte i nostri militari sono stati messi in imbarazzo dai guerriglieri? Questo Paese è un covo di ribelli e terroristi. Si nascondono sulle montagne, nelle paludi, nella giungla travestiti da *campesinos*. *Incumplidos!*» diceva mio nonno dei nostri politici. «Fare pace con i ribelli è stato da irresponsabili. Ha significato ammettere la sconfitta, accettare il tradimento.»

«*Dad*» lo interrompeva mia madre, «mangia l'*ajiaco* prima che si raffreddi.» Mia madre lo faceva preparare apposta per lui che veniva dalla capitale: tre varietà di patate, capperi, *guasca*, pannocchie e pollo. Il nonno ne metteva in bocca qualche cucchiaio – uno dopo l'altro, per farla contenta – finendo ogni volta per bruciarsi la lingua. Poi ricominciava.

«Da quando i guerriglieri hanno un partito, il loro messaggio è arrivato ovunque. I loro candidati sono diventati celebrità, i loro comandanti eroi… ti ricordi quando uno di loro pubblicò con la stessa casa editrice di Gabriel García Márquez? E mentre il governo negoziava la pace, quelli si costruivano un esercito per impadronirsi del Paese» e qui di solito gli andava di traverso il brodo e incominciava a tossire.

«Beva un sorso di *aguardiente*» diceva mio padre, mentre con gli occhi umiliava mia madre.

«La zuppa è ottima, Frieda» diceva il nonno sforzandosi di recuperare la voce, «stasera ti è venuta meglio del solito, forse perché hai usato la *guasca* fresca al posto di quella in polvere.»

Dopo cena il nonno si alzava per andare a fumare nel patio. Il mattino seguente le buganvillee di mia madre erano ancora impregnate dell'odore dei suoi sigari. A volte quando gli tenevo compagnia mi lasciava provare. Avevo imparato ad aspirare senza tossire, fu così che presi il vizio. Per giorni sentivo l'amaro del fumo ristagnare in fondo alla gola, un misto di calore e irritazione che, mi rendo conto solo ora, non era diverso da ciò che provavo per lui.

«Vecchio pazzo» sentii dire una sera a mio padre appena il nonno uscì dalla sala da pranzo per andare a fumare. «Tuo padre, Frieda, non capisce che negoziare la pace era l'unico modo che avevamo per poter continuare a fare la guerra.»

*

Avevo cinque anni quando il governo firmò il primo accordo di pace con i guerriglieri. Non ricordo quel giorno ma negli anni che seguirono vidi spesso alla televisione l'immagine della gente radunata davanti alla piazza del Parlamento con i fazzoletti bianchi in mano. Mille colombe volarono in cielo per celebrare la pace e le campane suonarono a festa in tutto il Paese.

«Perché il governo ha fatto pace con i guerriglieri?» chiesi un giorno al tutore.

«*Hijo*, quando nelle guerre civili si arriva a un punto di stallo, le parti in conflitto decidono di avviare un processo di pace» rispose infilandosi un dito nell'orecchio per estrarne un grumo di cerume. Lo guardò un momento e poi con l'unghia del pollice lo grattò via con soddisfazione. «Accade però, che proprio nei mesi precedenti alle negoziazioni, il conflitto diventi più sanguinoso. Entrambe le parti mirano a guadagnare posizioni e ad avere maggior potere al tavolo del negoziato. E così, quasi sempre, mentre si prepara la pace si combatte ancora più ferocemente la guerra. E quando finalmente arriva il cessate il fuoco, le parti sfruttano la tregua per rafforzare gli eserciti e preparare un nuovo conflitto.»

Ho imparato negli anni che nel mio Paese il bene e il male si assomigliano. Sarebbe più facile raccontarlo se fosse possibile distinguere i buoni dai cattivi, gli amici dai nemici, i politici dai trafficanti, le squadre della morte dai militari, i guerriglieri dagli agricoltori. Nel mio Paese si trova il meglio e il peggio dell'umanità, proprio come negli Stati Uniti.

Quando sono andato via, vent'anni fa, metà della popolazione viveva ancora in povertà. In alcune regioni mancavano l'elettricità e l'acqua corrente, i più poveri non sapevano né leggere né scrivere – in alcune aree è ancora così. Le famiglie più ricche possedevano la metà della ricchezza nazionale e i tre quarti delle terre fertili. L'ineguaglianza ha portato alla protesta e la protesta alla guerra e la guerra era l'espediente che tutti cercavano per non occuparsi della povertà, per non costruire strade e ospedali, per non garantire diritti.

Una volta, sulla strada di ritorno dalla città, Gustavo fu costretto a fermare la macchina in mezzo alla carreggiata. Alcuni *campesinos* avevano occupato entrambi i sensi di marcia. Un uomo con un megafono in mano era salito su un trattore e parlava alla folla. Gustavo abbassò il finestrino per ascoltare.

«Quando in un Paese l'oligarchia rende impossibile trovare una soluzione ai problemi della gente, quando i politici instaurano un regime di terrore, allora diventa necessario prendere posizione» disse l'uomo con il megafono.

«E tu, *señor*, spareresti a un soldato dell'esercito?» urlò un contadino dalla folla.

«Nessuno vorrebbe usare la violenza, ma quando l'esercito e gli altri gruppi armati ti uccidono senza vergogna e rimangono impuniti, allora non possiamo non difenderci» rispose.

«Di che parla quell'uomo?» chiesi a Gustavo spostandomi con il busto in avanti e afferrando con entrambe le mani il poggiatesta del suo sedile.

«Eh?» rispose lui trasalendo, come se tornasse indietro da chissà quale regione remota della sua mente. «È un politico vicino alle idee dei guerriglieri, fra poco ci sono le elezioni municipali, cercano voti tra i *campesinos*.»

«L'esercito del popolo, i lavoratori e gli agricoltori» continuò il politico «devono creare un grande fronte democratico. Solo allora la democrazia sarà davvero possibile in questo Paese.» La folla a quel punto applaudì e poi lentamente si disperse. Il comizio era finito. Gustavo rimase immobile per qualche istante, assorto, lo sguardo fisso sull'asfalto butterato e polveroso, finché l'automobilista che ci stava dietro protestò con il clacson. Gustavo sobbalzò, mise in moto la macchina e ripartimmo.

Qualche tempo dopo vidi la foto dell'uomo con il megafono sul giornale. Era del giorno del comizio. Il giornale diceva che era stato ammazzato in taxi sulla strada per l'aeroporto. Un colpo solo alla testa, sparato da un sicario in motocicletta mentre l'auto era ferma nel traffico senza fine della città. Aveva una pistola sulle ginocchia, dentro una busta gialla per documenti, ma non aveva fatto in tempo a usarla. Da poco, diceva l'articolo, gli era stata revocata la scorta. Presi la pagina dal giornale e la mostrai a Lola quando tornò da scuola.

Da quel giorno, ogni volta che eravamo in macchina con Gustavo e Amparo, Lola e io facevamo domande sulla guerra.

«Quando è iniziata esattamente la guerra?» chiedeva lei.

«Dipende da quanto indietro nella Storia sei disposto ad andare. La guerra de los Mil Días? Il massacro de las Bananeras? La guerra moderna ha avuto inizio quarant'anni fa» diceva Gustavo, «i grandi proprietari terrieri volevano industrializzare la produzione del caffè ed espandere i loro possedimenti. I contadini non volevano cedere le loro terre. Trovarono un giovane politico che parlasse a loro nome. Volevano eleggerlo presidente ma fu ucciso in un attentato nella capitale. Era il 1948. Così iniziò La Violencia.»

«E chi lo ha ucciso?» chiedeva Lola.

«Nessuno lo sa, aveva molti nemici» rispondeva Amparo.

«I conservatori, le spie americane o magari gli stessi comunisti» diceva Gustavo accendendosi una sigaretta. «Erano in tanti a volerlo morto. Dicono che tutto quello che è accaduto dopo, centinaia di migliaia di morti ammazzati, sia il risultato di quell'omicidio.»

«E i guerriglieri?» chiedevo io.

«Arrivarono alla fine degli anni Sessanta. All'inizio difendevano la povera gente. Rubavano latte, carne e medicine sotto gli occhi dei poliziotti e li distribuivano ai poveri nelle baraccopoli. Vennero anche a casa mia a portare da mangiare, e quel giorno fu festa per tutti. A volte prendevano in ostaggio i datori di lavoro e non li liberavano finché quelli non concedevano un aumento di salario ai propri dipendenti. Ma i guerriglieri avevano bisogno di soldi per fare la guerra. Il nostro governo riceveva denaro dagli Stati Uniti per combatterli. Per questo cominciarono a rapire medici e avvocati, banchieri e *rancheros*.»

«Non rapivano solo i ricchi» lo interrompeva Amparo per precisare, «negli anni hanno sequestrato anche negozianti, fattori e venditori ambulanti. Chiamavano i rapiti "prigionieri politici". Quando eravate piccoli vennero anche all'*hacienda*. Tuo padre era in città per affari. Portarono via soldi, cibo e molti cavalli. Rubarono due macchine e bruciarono il deposito dei trattori.» Amparo parlava in fretta, come se fosse ancora pericoloso soffermarsi troppo su quelle parole. «Tua madre non parlò per giorni. Voi due eravate terrorizzati e la sera facevate fatica ad addormentarvi. Avevate sentito gli spari e visto le fiamme alzarsi dall'altra parte del cortile. Fu allora che tuo padre raddoppiò la sicurezza e comparvero guardie armate ai cancelli.»

Quelle storie ci affascinavano molto più dei film che in quegli anni guardavamo al cinema in città. Ogni volta chiedevamo a Gustavo e Amparo di ricominciare da capo. E loro riprendevano a raccontare aggiungendo di tanto in tanto nuovi dettagli: lo sciopero generale del 1977 a cui partecipò anche Amparo, la festa per la pace del 1984, la militanza di Gustavo tra i ribelli.

«Ero solo un ragazzino, *mierda*» si giustificava ogni volta, «sono cose passate di cui non voglio parlare», ma intanto per intrattenerci aggiungeva dettagli sulla vita nella giungla – gli agguati, le lunghe marce, gli spostamenti continui –, cose che Lola e io sapevamo di non poter raccontare a nessuno. Gustavo discendeva dai nativi della Sierra. Era nato poverissimo in uno dei tanti *barrios bajos* spuntati negli anni ai margini della città. Cresciuto selvatico e semianalfabeta, aveva imparato da solo tutto ciò che sapeva – è l'uomo più intelligente che abbia mai conosciuto. Come tanti ragazzini di cui nessuno si occupava era finito anche lui tra la guerriglia, un po' per ideologia, un po' per mandare soldi a casa alla madre. E dalla guerriglia si era allontanato disilluso e amareggiato quando sua madre era morta e i suoi fratelli si erano uniti ai narcotrafficanti. Mio padre, che di questa parte del suo passato non sapeva nulla, lo aveva assunto come autista sotto raccomandazione di don Ramiro, il parroco del paese.

Ma Gustavo fremeva. A tenere le mani tutta la vita dietro un volante non ci pensava proprio. Dalla giungla arrivavano storie che lo tenevano sveglio la notte e lo facevano alzare presto al mattino con l'urgenza di sparare colpi di fucile verso il fitto del bosco, alle ombre che gli sembrava ogni volta di intravedere tra le fronde. Ma all'*hacienda* c'era Amparo, e forse l'idea di creare una famiglia con quella donna e quella ragazzina a cui mancavano un marito e un padre.

«*Puta madre*, niente ha fruttato tanto ai guerriglieri come il denaro proveniente dalla droga» ci diceva. Quella sulla droga era la parte che lo faceva agitare di più. «E con quei soldi sono arrivati armi, uniformi, apparecchi di comunicazione. L'esercito del popolo è diventato sempre più numeroso.» Gustavo aspirava nervosamente la sigaretta, poi passava le mani sulle sopracciglia spesse, dritte come i denti di un pettine, e tra i capelli folti impomatati dal gel. «Là dove comanda, la guerriglia è lo Stato. Tassa ogni carico di droga che i trafficanti fanno uscire dai laboratori.»

«E i paramilitari?» chiedeva Lola. «Ho sentito i ragazzi parlarne a scuola.»

*

Dei compagni di scuola di Lola ero molto geloso. Mentre io rimanevo all'*hacienda* e studiavo con tutori privati, lei frequentava la scuola del paese. Tornava a casa solo nel pomeriggio e spesso mi trovava ad aspettarla sui gradini del patio con Pilar, il più giovane dei nostri ridgeback, quello che amavo di più. Sgranocchiavo noci americane e guardavo l'orologio da taschino che mi aveva regalato il nonno. *Hergestellt in Deutschland,* diceva l'incisione sulla cassa d'argento – mi convinsi che il tempo in Germania dovesse scorrere più lento.

Lola tardava sempre. Chiudevo gli occhi e la immaginavo parlare con i compagni all'uscita, sedersi accanto a loro sull'autobus, dividere con i denti l'ultimo chewing gum rimasto nel pacchetto. Il pensiero mi faceva pulsare il sangue dietro le palpebre. Alla fine, Lola compariva in fondo al viale. Mi veniva incontro correndo con le trecce nere che ondeggiavano sulla testa proprio come le antenne dei gamberi. Pilar abbaiava e le faceva le feste.

«*Hola, perrita*» diceva lei sorridendo mentre il cane le leccava le guance, «*échate ahorita.*»

Poi guardava verso di me.

«*Disculpame, hermanito*» sussurava abbassando gli occhi. Quindi si sedeva sui gradini, la schiena appoggiata a una delle colonne del patio – in quegli anni erano dipinte di un bel rosso vivo, come è tradizione nelle *haciendas* del mio Paese. Lola accarezzava Pilar sul dorso, lì dove il pelo si increspava, e mi raccontava dei suoi compagni di scuola, delle partite di pallone, della festa del patrono che si preparava in paese. Una volta, in quinta elementare, perse l'autobus e tornò a casa in bicicletta con un ragazzino delle medie. Quando li vidi arrivare insieme, con Lola seduta sul sellino posteriore che gli cingeva la vita con le braccia, rientrai in casa e non uscii per il resto del pomeriggio.

A volte Lola tornava da scuola con racconti terribili.

Il vicesindaco era stato assassinato in pieno giorno proprio sotto le finestre della sua classe. Dopo gli spari tutti i compagni si erano alzati senza il permesso del maestro per guardare il corpo riverso sull'asfalto.

«Teneva le braccia aperte come un cuculo precipitato al suolo dopo lo sparo» disse Lola mimando la posa. «È venuto un uomo e ha girato il corpo di schiena. Aveva gli occhi aperti come se stesse ancora guardando il cielo, e teneva la bocca chiusa per non fare uscire il sangue.» Lola non aveva mai visto un morto ammazzato, il vicesindaco fu il primo di tanti.

«All'uscita, il bidello lavava via il sangue dalla strada con una scopa e un secchio d'acqua. Ma io sono stata ben attenta a non passare con le scarpe sul bagnato» disse mostrandomi la suola pulita.

A distanza di anni, mi confessò una volta, le sembrava ancora di sentire gli aghi di paglia sfregare la superficie dell'asfalto. Ma a nulla era servita tutta quella pulizia. Dopo tanto sfregare il ricordo era ancora lì, intatto.

Chi era stato? Non si seppe mai. Qualche tempo dopo però il cadavere del parroco venne ritrovato nel fosso dietro la canonica con un cartello che diceva MORTO PERCHÉ COMUNISTA. Ce lo raccontò Gustavo facendoci promettere che non avremmo detto ad Amparo che lo sapevamo.

Ma Lola non riuscì a mantenere il segreto. Pianse a lungo per quella morte seduta in braccio a sua madre – don Ramiro ci aveva preparati alla prima comunione. Amparo si infuriò con Gustavo e per molti giorni si rifiutò di parlargli. Nei mesi seguenti, ogni volta che Gustavo cercava di tornare sulla morte del parroco, «Mi dispiace, non avrei dovuto raccontare ai bambini di don Ramiro», Amparo lo metteva subito a tacere. «Ciò che ci fa male non dovrebbe mai essere nominato» diceva.

Mai nessuno fu arrestato per l'omicidio del prete.

*

Dei paramilitari avevo sentito parlare il nonno una volta che il *ranchero* di un'*hacienda* vicina era venuto a fargli visita.

«Non ci vedo nulla di male se i militari organizzano i civili in gruppi di autodifesa per combattere i guerriglieri.»

«Sono perfettamente d'accordo» rispose il *ranchero* masticando a bocca aperta un grosso pezzo di *chicharrón*, «se una democrazia permette critica e opposizione diventa vulnerabile.»

«Proprio così, la democrazia va protetta.»

La Storia entrava nella bocca del nonno e del *ranchero* come il *chicharrón*. Sminuzzata e fluidificata diventava bolo; spinta dalla lingua e deglutita arrivava all'esofago; demolita e aggredita dagli acidi diventava poltiglia. Attraverso il piloro scendeva nell'intestino: il duodeno, il digiuno e l'ileo, il cieco, il colon e il retto e infine, passando per l'ano, diventava merda.

Gustavo la pensava diversamente da loro. «*Hijos de puta*, i paramilitari uccidono tutti coloro che simpatizzano con i guerriglieri e ogni volta rimangono impuniti. L'esercito li protegge. *Autodefensas* vuol dire solo violenza legalizzata.»

«Attento alla strada, *necio*!» lo rimproverava Amparo quando lui si voltava a guardarci.

Gustavo si scusava. Faceva scivolare una mano sotto la giacca, lì dove teneva la fondina della pistola, come per assicurarsi che ci fosse ancora, e poi continuava: «Molti di loro sono trafficanti. I narcos e i paramilitari hanno trovato nella guerriglia un nemico comune. Tagliano lingue, cavano occhi, squartano corpi con le seghe elettriche e poi li cospargono con l'acido». E mentre lui raccontava, sentivo le dita nervose di Lola intrecciarsi alle mie.

«Ora basta, Gustavo!» lo rimproverava Amparo. «O anche stasera i bambini non riusciranno a prendere sonno.»

«Non è colpa mia, *mi amor*, sono loro che vogliono sapere!» le rispondeva lui sfiorandole il ginocchio con il dorso della mano.

«Tieni a posto le mani, Gustavo, se ci tieni ad avere ancora mani per stringere il volante.»

A quel punto Gustavo inseriva la cassetta nell'autoradio e con un occhio ad Amparo e uno alla strada cantava insieme a Osvaldo Farrés:

*Siempre que te pregunto*
*Que, cuándo, cómo y dónde*
*Tú siempre me respondes*
*Quizás, quizás, quizás.*

E mentre la voce liquorosa di Farrés ci cullava per il resto del tragitto, Lola si addormentava sulla mia spalla, le trecce sfatte e in bocca l'odore di fragola della gomma americana.

*

Arrivavamo all'*hacienda* che era già buio. I fari della macchina di Gustavo apparivano all'improvviso in fondo al viale come gli occhi gialli di un gufo nella notte. Li avevo visti tante volte negli anni, quando la sera tardi riaccompagnava mio padre a casa dalla città e io non riuscivo dormire.

Amparo saliva con me in camera. Aspettava che lavassi i denti e indossassi il pigiama per rimboccarmi le coperte.

*Duerme, duerme, negrito,*

*Que tu mama está e nel campo, negrito*

*Duerme, duerme,* cantava sussurrando nel mio orecchio.

Quando mi lasciava già dormivo, ma il mio era un sonno agitato.

Qualche ora più tardi ero di nuovo sveglio – l'insonnia è stato il primo sintomo dei disturbi che avrei sviluppato in età adulta. Uscivo dalla stanza portandomi dietro il cuscino e camminavo in silenzio lungo i corridoi, seguendo il sentiero di luce che la luna tracciava sul pavimento. Scendevo le scale in punta di piedi, stando attento a non far scricchiolare il legno antico dei gradini, e toccando il muro con le mani cercavo la porta della camera di Amparo che dormiva con Lola. Amparo mi sentiva arrivare e per farmi spazio si spostava in un angolo del letto. E così scivolavo sotto la zanzariera e mi sdraiavo tra Lola e sua madre. Il letto odorava dei fiori di caffè che Amparo metteva nell'armadio per profumare la biancheria.

Spesso Lola si agitava nel sonno.

«Smettila di scalciare» le dicevo mentre gli spasmi del sogno la scuotevano ancora. «Calmati ora, fammi infilare il braccio lì sotto, ecco, così. Dormiamo.»

A volte la luna disegnava un piccolo stagno di luce sulle nostre coperte proiettando su di noi l'ombra dell'albero di *yarumo,* snello e frondoso, che Gustavo aveva piantato di fronte alla loro finestra. Era lì che avrei voluto stare per tutta la vita – in quella luce, all'ombra di quei rami, tra il calore di quei corpi – coricato di fianco, con i piedi tra le gambe di Amparo e il naso tra il groviglio setoso dei capelli di Lola.

*

Le cose cambiarono già l'anno successivo – dovevamo compiere entrambi dodici anni. Mi svegliavo di notte all'improvviso – sudato, smanioso, assetato –, la sensazione che una colonia di lombrichi si muovesse clandestina sotto la pancia. Camminavo nel buio fino alla stanza di Amparo e mi infilavo furtivo sotto la zanzariera. Amparo mormorava qualcosa nel sonno e si girava su un fianco, il volto rivolto alla parete, le natiche nude che si affrettava a coprire – non indossava mai nulla sotto la camicia da notte. Eravamo diventati troppo grandi per stare tutti e due nel suo letto, me lo ripeteva ogni sera, ma poi non trovava mai il coraggio di mandarmi via.

Lola mi dormiva accanto. Sentivo il suo respiro infilarsi tiepido tra le mie ciglia, smuovendole appena. La osservavo nella luce tremula del cero votivo che Amparo teneva acceso sul suo comodino. Le palpebre pesanti di sonno, le labbra appena socchiuse, la morbida piega di pelle sotto il mento. Una notte che facevo fatica a riprendere sonno, mi accorsi che la camicia da notte le lasciava scoperto uno spicchio di seno. Da bambino avevo visto molte volte i seni nudi di sua madre. Ancora negli anni della scuola elementare Amparo si infilava nella vasca da bagno con noi dopo averci insaponato, diceva che in quel modo si sprecava meno acqua. Ci aveva allattati entrambi perché mia madre non aveva latte mentre Amparo, che aveva partorito pochi mesi prima di lei, ne aveva per tutto il villaggio. Credo di essermi attaccato al suo seno fino all'età di tre anni, e anche quando smisi di succhiare mi rimase per molto tempo l'abitudine di toccarlo e baciarlo prima di dormire.

Ma quella notte era Lola che guardavo. Il suo corpo era cambiato e mi dava il tormento. Al fiume non riuscivo a distogliere lo sguardo dalla peluria che spuntava ribelle dai lembi del costume, e dai seni, tondi e puntuti, che i triangoli di cotone lavorati all'uncinetto non potevano più contenere. Quella notte, muovendomi piano, spostai la spallina della camicia da notte e con un unico dito leggero toccai la punta del capezzolo scuro, simile a una piccola mora. Quel tocco mise in agitazione i lombrichi che, strisciando caldi sotto la pancia, scivolarono ancora più in basso all'altezza dell'inguine. Lola non si accorse di nulla. Solo una volta, mentre frugavo smanioso sotto la stoffa dei miei pantaloni, lei si girò sulla pancia cingendomi la vita con il braccio e pronunciando nel sonno il mio nome.

Le mie incursioni notturne proseguirono per settimane – invasioni e capitolazioni tanto frequenti quanto rapide, seguite ogni volta da sensi di colpa e frustrazioni incessanti. Durante il giorno, la osservavo di nascosto mentre lei non guardava. Immaginavo parti del suo corpo che non avevo ancora esplorato, lembi di pelle che desideravo odorare.

Un sabato pomeriggio mi feci coraggio e ne parlai a don Julio in confessionale. Don Julio era arrivato in paese dalla città dopo che il vecchio parroco era stato ammazzato perché comunista. Era un giovane prete e stava bene attento a quel che diceva durante l'omelia. Lo ricordo tutto sudato alla messa di mezzogiorno, due dita infilate nel colletto rigido che si intravedeva sotto la stola. Quella volta, in confessionale, alla domanda «Fai pensieri o compi atti impuri?» sulla quale nelle mie rarissime confessioni avevo sempre glissato farfugliando poco credibili "no", risposi: «Sì, padre, ho peccato». Don Julio allora mi parlò a lungo della necessità di preservarsi, dell'amore di Dio, del valore della castità. Mi consigliò la recita quotidiana del rosario. E fu così che mi convinsi: dovevo assolutamente continuare.

Una notte, mentre spostavo furtivo la spallina, Lola aprì gli occhi e mi afferrò d'improvviso la mano.

«Che fai?» chiese assonnata.

«Ti copro» risposi rimettendo la spallina al suo posto. Ma fu lei quella volta a condurre la mano sotto la stoffa offrendomi per un attimo il seno, prima di girarsi sul fianco opposto e riaddormentarsi.

Fu quello il nostro primo gesto esplicito di intimità. Ora, quando alzavo la zanzariera, Lola mi aspettava seduta sul letto. Soffiava sulla fiammella del cero che da qualche tempo insisteva nel tenere sul suo comodino, «per protezione» diceva a sua madre. Nel buio mi muovevo sicuro. Scoprii che il suo seno entrava perfettamente nel palmo della mia mano chiuso a coppa, come una falce di luna nuova.

Di giorno cercavamo di andare al fiume ogni volta che potevamo. Portavamo Pilar con noi per fare la guardia. Camminavamo nei campi tra i fiori viola della passiflora e le *cattleya* selvatiche dalle bocche carnose. Nel mio Paese crescono i fiori più belli del mondo. Anche noi eravamo fiori, corolle, gambi, pistilli, nettare succulento. Eravamo zolle umide di pioggia e resina di corteccia, sterco odoroso e tronco di palme snelle. Saremmo stati presto recisi, abbattuti, trasportati altrove, venduti, barattati, gettati via. Saremmo diventati altro: erba di pascolo, legno pregiato, profumo di marca, pagina di libro. Altri fiori e altre piante sarebbero cresciuti al nostro posto, o forse no:

quella terra sarebbe diventata coltivazione intensiva, investimento di multinazionale, azione di Borsa, contrattazione a Wall Street.

Al fiume non erano più i gamberi a interessarci. Seduti sulla riva, ci scambiavamo baci fraterni che si spingevano ogni volta sempre più oltre, al di là del perimetro sottile delle labbra. Avevo il permesso di toccarle i seni, null'altro. E quando lei si stancava delle mie carezze, che alla luce del sole erano ancora un po' goffe, mi immergevo rapido nell'acqua fredda e aspettavo che il cuore decelerasse.

La notte avevo cominciato a sfregarmi contro i suoi fianchi. Lenti, impercettibili movimenti che irradiavano calore tutto intorno. A volte Lola mi tirava a sé dandomi le spalle, il mio lato concavo contro il suo convesso, un abbraccio che era una danza da fermi. E così, notte dopo notte, sicuro che lei ricambiasse, cominciai a prenderle la mano per portarla lì dove il pigiama pulsava. Lola all'inizio toccava appena e poi si ritraeva. Ma ogni notte si fermava più a lungo, infilandosi ora sotto la stoffa con sfrontata indifferenza. Scoprivamo del nostro corpo quello che imparavamo dal corpo dell'altro, le cause e gli effetti, gli slanci e i limiti. Ora la baciavo dove volevo, esplorando come potevo ciò che mi veniva offerto, arrivando nelle parti più profonde di lei, dove anche Lola non era ancora mai stata.

Continuammo così per qualche tempo finché una notte mi sentii afferrare per i capelli, uno strattone improvviso che mi lasciò incredulo e dolorante. Amparo, in ginocchio sul letto, aveva osservato tutta la scena – nella fretta avevamo dimenticato la fiammella accesa. Mi voltai a guardarla. Il volto rigido illuminato dal cero la faceva sembrare severa e ostile come una divinità precolombiana, la bocca semiaperta pronta a sbottare in un grido di guerra. Lola si voltò di scatto tirandosi dietro il lenzuolo, fingendo di non sapere cosa stesse succedendo. E io fui messo alla porta.

Non ricordo cosa mi disse Amparo quella notte, solo il suono della sua voce impastata e abrasiva. Era la prima volta che mi sgridava. Non riuscii a guardarla negli occhi mentre mi parlava. Guardai in alto, invece, come fanno di solito i ragazzini quando gli adulti li rimproverano. E sul muro vidi il riflesso alterato e distorto della sua ombra, capelli sconvolti come in preda a mani convulse.

Da quel giorno Amparo mise Lola a dormire nella stanza accanto alla sua, quella dove prima si dedicava al cucito. Chiudeva la porta a chiave ogni sera e la riapriva al mattino quando era ora di andare a scuola. Al fiume non avevamo più il permesso di andare, e se Lola chiedeva di fare il bagno sua madre andava con lei o mandava Clara a sorvegliarla. Nonostante le raccomandazioni e i divieti di Amparo, Lola lasciava faccende e commissioni a metà per incontrarmi. Tornava da scuola prima che poteva e, invece di andare in cucina da Clara come le aveva detto sua madre, mi aspettava nella serra seduta sui ripiani di legno dove mia madre teneva i vasi di terracotta. Vedendomi arrivare allargava le braccia e mi cingeva stretto nel cerchio morbido delle gambe. A volte ci vedevamo in cantina, dietro lo scaffale delle conserve o nella rimessa dei trattori quando i contadini andavano a casa a fine giornata. La domenica, nell'ora della siesta, quando Amparo si ritirava in camera sua, ci sdraiavamo stretti nell'amaca che Gustavo teneva appesa in garage, le mani che entravamo e uscivano furiose da sotto i vestiti.

«Un giorno ti sposo, Lola. Ti sposo e ti porto a vivere in città.»

Non sapevo allora che di lì a qualche tempo tutto sarebbe cambiato di nuovo. Lola e io avremmo smesso di parlare – lei mi sarebbe diventata ostile e distante. Gustavo avrebbe lasciato l'*hacienda* per tornare dai guerriglieri, o così si disse. Amparo avrebbe cominciato a bere *aguardiente* ogni sera prima di dormire. Mio nonno sarebbe morto di polmonite in una clinica della capitale. Mio padre avrebbe deciso di portarci a vivere in città e io avrei continuato a desiderare ogni giorno di più la sua morte. Per lunghi anni non avrei saputo più nulla o quasi di Lola e dell'*hacienda*, se non fosse stato per le lettere che di tanto in tanto ricevevo da sua madre.

*

Lola: Ti ha mai raccontato della notte in cui lo rapirono?

Alma: Non nei particolari, ma ne ha scritto nel suo libro. La storia la conosco da quelle pagine: il dito mozzato e i giorni della prigionia. Tutto perché lavorava per il governatore della regione dove siete cresciuti. Ma è vero che a farlo liberare fu un uomo che aveva lavorato anni prima nell'*hacienda* di suo padre? Una volta mi parlò di lui.

Lola: Di questo non c'è certezza. Ma lo scrittore era convinto che fu grazie a Gustavo che venne liberato. Era diventato importante tra i guerriglieri.

Alma: Ma allora perché non si oppose al sequestro?

Lola: Non lo sappiamo, forse non ha potuto impedirlo. Non abbiamo più avuto notizie di lui. Non sappiamo neppure se sia ancora vivo. Dopo che nel 2016 il governo ha firmato un nuovo accordo di pace con i guerriglieri, più di duecento di loro sono stati assassinati.

Alma: Da chi?

Lola: Non è chiaro, trafficanti, ex paramilitari, criminali. Molti guerriglieri stanno cercando con fatica di reinserirsi nella società. Chiedono la protezione dello Stato ma spesso sono lasciati soli. Altri, delusi, hanno ripreso le armi e sono tornati nella giungla e ora vivono nell'illegalità. Altri ancora devono rispondere nei tribunali per centinaia di sequestri, sono accusati di crimini di guerra e di crimini contro l'umanità. In ogni modo, i giorni del rapimento dello scrittore non furono proprio come li descrisse nel libro. A me raccontò la verità solo a distanza di anni. Prima di allora ogni volta che gli avevo chiesto di parlarmene mi aveva detto di non ricordare più. Il ricordo era lì a portata di mano, diceva, ma svaniva appena lui si avvicinava.

Alma: Probabilmente era una specie di sindrome da stress post-traumatico, succede dopo aver vissuto esperienze come la sua.

Lola: Lo scrittore mi faceva spesso l'esempio dei sogni. Sai quando sei in dormiveglia e ti rendi conto che stai sognando? Vedi il sogno che stai facendo ma senza viverlo, come se lo guardassi dal di fuori. E appena il sogno si accorge che lo stai osservando, appena il cervello si rende conto che sei in grado di vedere cosa fa mentre tu dormi, allora tutto svanisce. «Così sono i ricordi di quella notte, Lola. È come entrare in una stanza buia dove i topi stanno facendo festa con gli avanzi della tua cena, e appena tu accendi la luce scappano via nascondendosi sotto i mobili o nelle intercapedini dei muri. E allora ti domandi se li hai veramente visti, se quello che ricordi è successo davvero», così diceva.

Alma: Sì, capisco. È la mente che prova a ingannarti, preferisce che dimentichi.

Lola: Per me è stato lo stesso. Per molti anni ho cercato di convincermi che nulla fosse accaduto. Poi ho accettato che fosse successo ma mi sono detta che se solo avessi voluto, se mi fossi davvero sforzata, avrei potuto dimenticare. È solo da pochi anni che quando ci penso mi dico che furono fatti sconvolgenti e che l'unico modo per impedire che mi uccidano ogni giorno è tenere la luce accesa e ricordarli.

Alma: Ma cosa ti è successo esattamente?

Lola: Un giorno te ne parlerò ma non stasera. Sono stanca, abbracciami.

*

*Scrittore*

Nell'autunno del 1997 avevo quasi diciotto anni, vivevo in città e frequentavo l'ultimo anno di liceo. Avevo fatto domanda per iscrivermi all'università negli Stati Uniti, come spesso fanno i figli degli uomini d'affari del mio Paese. Sognavo di studiare etologia. A quel tempo mio padre era diventato amico del governatore della nostra regione, che aveva due figli maschi poco più giovani di me. Passavo spesso le domeniche a casa loro o nella loro *finca* fuori città, dove il governatore allevava magnifici cavalli. Andavamo insieme a vedere la corrida, di cui il governatore era grande appassionato per aver toreato da giovane.

Non avevo mai visto una vera corrida. Anni prima con Gustavo avevo assistito a una *corraleja* di nascosto da Amparo. I compagni di scuola di Lola ne avevano già vista una, così raccontava lei piena di entusiasmo. Alcuni di loro avevano addirittura partecipato alla Fiesta facendosi rincorrere dal toro nell'arena – per molti ragazzi era un rito di iniziazione, un segno di maturità sessuale, un modo per attirare l'attenzione delle ragazze della zona.

Convinsi Gustavo ad accompagnarmi, non volevo essere da meno, ma lui mi fece promettere che per nessun motivo sarei sceso nell'arena. Raccontammo ad Amparo che saremmo stati via per una notte e che avremmo guidato verso la costa per osservare alcuni uccelli, i Cauca guan, di cui si diceva rimanessero solo mille esemplari. I Cauca guan non si trovano lungo la costa, ma questo Amparo non poteva saperlo. Credo che alla fine mi diede il permesso di andare solo perché i miei genitori erano in città da qualche settimana e lei pensava che mi avrebbe fatto bene stare lontano da Lola.

«L'estasi di scampare alla morte», così Gustavo definì la *corraleja* durante il viaggio di andata. Era stanco e pensieroso in quei giorni, stranamente taciturno, non aveva voglia neppure di ascoltare Gardel. Della *corraleja* ricordo l'arena polverosa e rovente, e gente che scappava da tutte le parti per sfuggire al toro – ragazzi che nella fuga trovavano rifugio sotto la recinzione traballante al di là della quale sedeva il pubblico. Ricordo la banda che suonava *los porros* e i *manteros* che sventolavano le cappe rosa e gialle con sopra scritti i nomi dei candidati alle elezioni locali o quelli di qualche marca di rum. I *rancheros* tra il pubblico lanciavano centinaia di *pesos* nell'arena per i ragazzini che dimostravano coraggio. Non erano corride quelle, ma tumulti lasciati al caso e all'umore della folla, parodie del tragico che però ogni volta facevano un numero impressionante di feriti. E quando un ragazzo venne malamente incornato all'addome, il *ranchero* che mi sedeva accanto disse che non portava bene se durante la *corraleja* non moriva nessuno.

Nelle *corralejas* i tori non morivano quasi mai. «Ma se un toro esausto inciampa nella fune… vedi la fune che quei ragazzi tengono tesa per farlo cadere?» mi chiese Gustavo cingendomi le spalle e avvicinando la sua testa alla mia. «Allora vedrai la gente scendere nell'arena per prenderlo a calci, sassate e sputi, e per tirarlo per la coda.» Mentre raccontava, cercando di superare con la voce il clamore della folla, mi sembrò di nuovo allegro. Beveva rum bianco scadente e mangiava *arepas* piccanti ripiene di pollo, imprecava contro i ragazzi che si avvicinavano pericolosamente alle corna del toro. «*Necio*» urlava, «togliti da lì, hai deciso che vuoi morire proprio oggi?»

Ma quella notte, nel piccolo albergo dove ci fermammo a dormire, lo sentii agitarsi sotto il lenzuolo, e quando mi alzai per avvicinarmi al suo letto, mi accorsi che piangeva nel sonno. Gli toccai la spalla per scuoterlo e lui di riflesso mi afferrò la gola.

«Sono io, Gustavo, lasciami» riuscii a dire a fatica mentre tentavo di liberarmi.

Gustavo aprì gli occhi, lasciò la presa. «*Disculpame, hijo*» disse piangendo. Mi abbracciò stretto come mio padre non aveva mai fatto, poi mi riaccompagnò a letto e aspettò che riprendessi sonno. Durante il viaggio di ritorno era di nuovo di cattivo umore. Fumava nervosamente mentre cercava una frequenza radio che non saltasse a ogni tornante. Mi parlò solo per chiedermi se avessi fame o se dovessi andare in bagno. Lo osservavo: un rivolo di sudore sul collo, un luccichio di saliva ai lati della bocca, un tremore alle mani che controllava solo afferrando stretto il volante.

Un mese dopo lasciò l'*hacienda*.

*

«Le corride cittadine sono molto diverse dalle *corralejas*. La Fiesta qui è solenne e prestigiosa come quella madrilena» diceva il governatore. Ma le prime volte che andavo a vedere la corrida mi assaliva sempre lo stesso dubbio. Non sapevo se assumere il punto di vista del toro, quello del torero o semplicemente quello dello spettatore. Il problema non ero io, "è la morte che crea confusione" scriveva Hemingway, ed era vero.

In città c'erano toreri che, con una serie perfetta di *veronicas*, facevano fare al toro un giro così stretto che l'animale cadeva in ginocchio. E quando uccidevano il toro tra le scapole, accompagnando la spada con il corpo mentre il corno gli sfiorava il ventre, era un tripudio di fazzoletti bianchi. Al torero valoroso a volte veniva concesso l'onore di sfilare nell'arena con in mano l'orecchio mozzato del toro. Ma se, al contrario, il torero era vigliacco o ignorante o fuori allenamento, e cedendo al nervosismo infilzava malamente l'animale o finiva incornato, allora la folla non aveva per lui più compassione che per un suicida.

Il governatore amava raccontare storie degli anni in cui toreava.

«Un pomeriggio, durante un allenamento, aspettavo il toro in ginocchio nel mezzo dell'arena. Quando uscì dal recinto, invece di caricare verso di me, caricò in un'altra direzione. Dalla prima fila mio padre urlò di non muovermi e di aspettarlo in ginocchio.»

Il padre del governatore era stato ucciso dai guerriglieri anni prima durante un tentativo di sequestro. Era una storia nota a tutti. Il governatore non ne parlava volentieri in famiglia.

«Ricordo ancora quel toro: il pelame lucente, le magnifiche corna ricurve, il fascio di muscoli sul collo. Non era troppo grosso né troppo alto di spalla. Era deciso nella carica e aveva una buona reazione al movimento. Diedi ascolto a mio padre e rimasi immobile. Dopo la prima carica, il toro mi fissò, rizzò di nuovo la cresta di muscoli – i muscoli di guerra – alzò la coda e contrasse un orecchio. Un toro veramente coraggioso non dà avviso prima di caricare – non scalpita, non muggisce, non fa vedere la lingua – ma guarda negli occhi il suo nemico. Alla fine, il toro caricò verso di me, furibondo, e io fui in grado di completare il movimento con il panno. Mio padre quel giorno mi aveva insegnato una grande lezione: come rimanere calmo di fronte al pericolo.»

«Grandioso» esclamai, «io non sarei mai riuscito a rimanere immobile.» Lo pensavo davvero, un toro da combattimento ha abbastanza forza da sollevare un cavallo e il suo cavaliere e scaraventarseli entrambi alle spalle.

«*Hijo*, ci sono solo due modi di uscire dall'arena: in una bara o portato in trionfo dalla folla.»

Il governatore vedeva la politica e l'intero Paese come un'enorme arena di tori, e da quella arena, capii nel tempo, non aveva alcuna intenzione di uscire se non in trionfo. Il governatore era un uomo intelligente ed elegantissimo: la postura dritta, i capelli sempre in ordine, un modo di parlare che trasmetteva determinazione e impegno. Sorrideva raramente in pubblico, ma con noi ragazzi era diverso. Aveva grande considerazione di me.

«Non ho mai incontrato un ragazzo che conosca così nel profondo la politica del nostro Paese» mi diceva.

Ricordo una sera che eravamo a cena nella sua *finca*, il governatore si alzò in piedi e cominciò a recitare a memoria una lettera che Simón Bolívar aveva scritto a Manuelita Sáenz nel 1826: «... solo tu mi hai rubato l'anima e io mi occupo solo di pensare a te. Nulla distrae di più la mia attenzione e le mie occupazioni che il tuo sguardo interrogativo sul mio amore per te. Cosa dirò se non ti ho al mio fianco?».

E mentre recitava notai che non guardava sua moglie ma una giovane ballerina che quell'anno era stata eletta Regina del Bambuco. A un tratto venne a interromperlo un suo collaboratore. Gli parlò nell'orecchio coprendosi la bocca con la mano. Fu in quel momento che l'espressione del governatore si fece severa.

«Miei cari ospiti» disse infine rivolgendosi a noi, «un villaggio non lontano da qui è stato attaccato dai rivoluzionari. È necessaria la mia presenza per coordinare il soccorso alla cittadinanza e assicurare i colpevoli alla giustizia. Voi rimanete pure a tavola e finite di cenare, ma è mio dovere andare.»

Il governatore era un uomo infaticabile. Ogni settimana si recava con l'elicottero nei villaggi più sperduti della regione per assistere di persona ai consigli comunali. Si fermava a parlare con la gente, visitava i presidi sanitari, si preoccupava che anche i più poveri potessero ricevere assistenza medica.

Tra mio padre e il governatore i rapporti si guastarono quasi subito per colpa di un investimento dal quale il governatore decise di ritirarsi all'ultimo momento, una scelta che mio padre non gli perdonò. Io continuai comunque a frequentare la sua casa – avrei fatto qualsiasi cosa pur di stare lontano dalla mia. Il pomeriggio aiutavo i figli del governatore con lo studio dell'inglese. Spesso mi fermavo a cena con loro e dopo mangiato sedevo con la famiglia di fronte alla televisione. Il governatore amava commentare i notiziari, specialmente quelli che parlavano di lui. I suoi figli erano più giovani e meno inclini all'ascolto. Non leggevano i giornali, non conoscevano la Storia, non si interessavano di politica.

Un pomeriggio mi trovai a passare di fronte al suo studio dopo le ripetizioni di inglese. La porta era rimasta aperta. Il governatore era seduto alla scrivania con un suo collaboratore e preparava il discorso che doveva pronunciare l'indomani al consiglio regionale. Rimasi un momento in ascolto. Mi sembrò di capire che avessero qualche dubbio sulla formulazione di una frase. Continuavano a rileggerla ad alta voce senza capire cosa non funzionasse.

Bussai per avvertirli della mia presenza.

«Mi scusi se mi permetto, *gobernador*, ma provi a eliminare l'avverbio e a spostare il verbo alla fine della frase. Vedrà che in questo modo il messaggio suonerà più chiaro.»

Il governatore mi guardò stupito. Rilesse la frase con le modifiche che gli avevo suggerito. «Magnifico» disse e mi invitò a entrare. Chiese al suo collaboratore di alzarsi e di cedermi il posto accanto lui. Mi fece leggere tutto il discorso chiedendomi di annotare le frasi che a mio parere avevano bisogno di correzioni. Ne indicai almeno una mezza dozzina e il governatore mi chiese di modificarle come credevo. Fu così che a diciotto anni iniziai a scrivere discorsi per il governatore della nostra regione.

Il governatore cominciò a volermi accanto durante le conferenze stampa, ai comizi dei candidati del suo partito e alle feste elettorali – mi capitò anche di saltare la scuola per essere presente. Non c'era discorso che pronunciasse che io non revisionavo. A volte mi trovavo a scrivere sotto il palco pochi minuti prima che prendesse la parola e a passargli fogli scritti a mano durante il comizio. Una volta Amparo mi vide alla televisione accanto al governatore, così mi scrisse – sembrava orgogliosa. Lola invece non scriveva mai.

*

Negli ultimi tempi in cui vivevo all'*hacienda* Lola e io avevamo cercato il più possibile di evitarci. Abitavamo lo stesso corpo, che era l'*hacienda*, ma ci muovevamo su circuiti distinti, come se fossimo parte di una circolazione arteriosa e di una venosa che per questioni di ossigenazione e sopravvivenza non potevano mai incontrarsi. Erano lontani i giorni in cui dormivamo nello stesso sacco uterino che era il letto di Amparo, e quelli in cui andavamo a guardare i gamberi al fiume e leggevamo insieme le poesie di Lee Masters.

Avevamo vissuto gli anni dell'infanzia come due meccanismi sincroni – dormivamo insieme, ci svegliamo alla stessa ora, a volte facevamo persino gli stessi sogni. Passammo insieme tutte le malattie esantematiche. Ci cadde a distanza di una settimana il primo dente. Prendemmo i pidocchi più volte e sempre nello stesso periodo. Imparammo insieme a tirare il collo alle galline – le appendevamo per le zampe fuori dalla porta del pollaio per far scolare il sangue. Eravamo insieme quando vedemmo nascere il primo puledro e morire il primo dei nostri ridgeback. Eravamo entrambi allergici al polline del *guayacan*, entrambi miopi – ma solo all'occhio destro, al sinistro lievemente astigmatici.

Conoscevo a memoria i suoi orari: a che ora usciva e rientrava da scuola, in che giorni si dedicava con Amparo alla cura dell'orto, quando aiutava Clara a battere un dolce di latte. Sapevo perché, dopo aver finito di bere la cioccolata, spariva per mezz'ora portandosi dietro un libro. Per anni avevo cercato di intersecare i miei movimenti ai suoi, come se i ritmi di vita di Lola fossero anche i miei, come se lei sola fosse in grado di collegare il mio ciclo veglia-sonno a quello luce-buio. Ora si trattava di imparare a vivere da solo.

Se evitarsi non era possibile e ci trovavamo per caso nella stessa stanza, eravamo esageratamente cordiali l'una con l'altro, e questo, almeno all'inizio, mi provocava un senso di colpevole soddisfazione. Ma i nostri incontri, voluti o casuali, ai piedi delle scale o di fronte agli scaffali della libreria di mio padre, dove entravamo solo quando lui era in città, alla fine mi lasciavano una sensazione di stordimento e impotenza. Trovavamo ogni volta una scusa per congedarci in fretta: il tutore che mi aspettava nel patio per la lezione, Clara che aveva bisogno di aiuto con la *bandeja paisa*. Scuse che servivano per tenerci lontani dagli aculei del bene che ci eravamo voluti.

Dopo ogni incontro con Lola mi sentivo esausto. Quell'apparenza di estraneità mi costava fatica. Significava dover aggiustare ogni volta la pendenza del mio asse rispetto al suo in modo che rimanessimo entrambi ordinatamente distanti e paralleli. Intanto dentro montava la rabbia, nutrita forse dalle stesse putride radici dove una volta era cresciuto l'amore. E più cercavo di dimenticarla e di alleviare la mia solitudine leggendo di guerra – tregue e agguati, rapimenti ed esecuzioni – e più era la guerra stessa ad assomigliare a Lola. "Guerra a bassa intensità", così chiamano il conflitto che da anni dilania il mio Paese – una guerra non dichiarata, a differenza di quelle tradizionali, ma non per questo meno sanguinaria.

A volte il suo sguardo sfuggiva al controllo e mi portava ancora qualcosa di lei: lo stupore per una scoperta che un tempo avremmo condiviso, la nostalgia per le cose che facevamo insieme. Di chi era il cuore che batteva così forte alla fine di una corsa? E il sudore sulle lenzuola al risveglio da un sogno? E il brontolio dello stomaco prima di cena, era il mio o il suo? Ma erano momenti rari. Di lì a poco tutto sarebbe finito: Lola mi avrebbe guardato ma i suoi occhi sarebbero rimasti fermi, il suo sguardo non sarebbe più giunto fino a me. Ero solo.

Eppure, se lei fosse tornata avrei dimenticato tutto. Ma Lola non tornava, dava a me la colpa del suo dolore. L'ombra nera di mio padre aveva inghiottito la sua infanzia senza che io avessi potuto impedirlo, su questo non c'era perdono. Negli anni in cui eravamo lontani la immaginavo con i piedi nell'acqua, i lembi del vestito raccolti nelle mani, lo sguardo immerso in quel fiotto di sangue che era il nostro fiume al tramonto. Quante volte mi hai pensato allora, Lola? Quante volte mi hai odiato?

A quel tempo non sapevo che anche i sentieri che rimangono a lungo distinti, più avanti possono tornare a ricongiungersi. E certo non immaginavo che il ricongiungimento nel nostro caso sarebbe stato anche più traumatico di quella prima, innaturale separazione.

*

La notte del rapimento l'autista del governatore mi stava riaccompagnando a casa. Era da poco passata la mezzanotte quando ci lasciammo alle spalle la sua residenza e imboccammo il corso principale. Ero stanco. Avevamo lavorato fino a tardi al discorso che il governatore doveva pronunciare il giorno seguente di fronte alla stampa, ma volevo tornare a casa e riguardare ancora una volta le bozze. Non era lo stile del discorso a preoccuparmi ma il suo contenuto. "Nego fermamente" avrebbe detto il governatore l'indomani "che elicotteri della nostra regione siano in qualche modo coinvolti nel massacro." Del massacro avevo letto sui giornali nei giorni precedenti e ancora prima in una lettera che Amparo mi aveva spedito dall'*hacienda*.

"Ricordi Clara, la nostra vecchia cuoca?" scriveva Amparo. "È tornata al suo paese quando voi siete andati a vivere in città. L'ho rivista qualche giorno fa in chiesa, era sconvolta. Sono accadute cose terribili al suo paese, cose che credo tu debba sapere."

Era a questo che pensavo la notte in cui fui rapito. Mi tornavano alla mente le parole di Amparo e ripensavo alla conversazione che avevo avuto con il governatore riguardo a quei fatti. «La pace si può raggiungere solo sconfiggendo la guerriglia» aveva detto infastidito. Mi detestavo per aver taciuto. Davanti a lui mi ero sentito come da bambino quando mio nonno a tavola parlava di politica e io rimanevo in silenzio. Se Gustavo avesse potuto vedermi sarebbe rimasto molto deluso.

Secondo la successiva ricostruzione della polizia, il commando era composto in tutto da sette persone. Non ce n'eravamo resi conto, ma quando lasciammo la casa del governatore c'erano un furgone rubato parcheggiato dall'altra parte della carreggiata e una Renault nera poco più avanti con quattro uomini a bordo. Era passata la mezzanotte da venti minuti quando imboccammo la salita che portava verso casa mia. Per strada non c'era nessuno se non uno spesso strato di umidità che avvolgeva ogni cosa sfocando contorni e confondendo confini.

Abitavamo allora in una zona tranquilla, scarsamente illuminata, con poche ville circondate dal verde. Sapevo che mio padre non era in casa. Ormai passava tutte le notti nell'appartamento che aveva comprato da poco per la sua giovanissima amante. Tornava raramente, solo per prendere vestiti o documenti, e mia madre, ora che lui non c'era più, sembrava improvvisamente più serena. Lo ero anch'io. Ci eravamo da poco ritrovati. Non mi piaceva rincasare tardi e lasciarla sola la sera. Dopo cena, lei suonava un Notturno al pianoforte per me e io le leggevo qualche pagina del racconto che stavo scrivendo – la storia di un ragazzo cresciuto in un *barrio bajo* che somigliava tanto a quella di Gustavo.

Eravamo arrivati quasi di fronte al cancello quando la Renault ci superò tagliandoci la strada e costringendo l'autista a una brusca frenata. L'autista tentò a quel punto di fare marcia indietro ma il furgone bloccava il passaggio. Due uomini armati di Uzi scesero dal furgone mentre quelli della Renault avevano già circondato la macchina. Uno di loro aprì lo sportello, mi fece scendere e mi coprì la testa con il suo giubbotto. Gridai e provai a divincolarmi.

«Non ti agitare» mi disse uno del commando mentre a forza mi spingeva nel furgone, «se tutto va come deve andare, tornerai a casa in poche ore.»

Seppi solo tempo dopo che i guerriglieri avevano ucciso l'autista del governatore. Un colpo sparato a bruciapelo alla testa, attraverso il vetro.

*

Nelle lettere di Amparo cercavo sempre notizie di Lola. Da qualche tempo frequentava un gruppo di attivisti per i diritti umani, scriveva sua madre. Partecipava spesso alle loro riunioni e rincasava tardi quando lei già dormiva. Di quelle riunioni Lola non parlava mai ma Amparo una volta aveva trovato in camera sua dei fogli, appunti scritti a mano:

*I paramilitari sono armati dall'esercito e finanziati da uomini d'affari,* rancheros, *politici potenti e perfino dalle multina-*

*zionali. Tra i loro bersagli, oltre ai guerriglieri, ci sono i politici di sinistra vicini all'esercito del popolo. Ma il loro è anche un lavoro di "pulizia sociale": ammazzano sindacalisti, studenti, insegnanti di scuola – sospettati di essere comunisti solo per il lavoro che fanno – e persino prostitute, senzatetto e omosessuali.*

"Ho paura che Lola finisca nei guai" mi scriveva Amparo, "prova tu a farla ragionare. E poi da qualche tempo frequenta un uomo sposato, ne parlano tutti in paese. È un sindacalista, padre di quattro figli. Ha vent'anni più di lei. Sta ripetendo gli stessi errori che feci io con suo padre, che non volle mai neppure riconoscerla. Qualche volta quell'uomo la riaccompagna e casa e si ferma a dormire in camera sua. Alcune sere li sento discutere fino a tardi finché lui se ne va sbattendo la porta d'ingresso. E allora la sento piangere e vado da lei, ma Lola si chiude dentro e non mi lascia entrare. Ormai non mi dà più ascolto. Per favore, *hijo*, prova a parlarle tu." E io provai più volte a scriverle ma non mi riuscì mai di terminare la lettera. "Cara Lola", così iniziavo sempre, ma poi mi venivano solo parole di rabbia. La chiamai anche all'*hacienda* una sera ma il telefono squillò a vuoto e non me la sentii di ritentare.

In quegli anni l'*hacienda* era solitaria e abbandonata. Mio padre aveva perso interesse per la terra. Aveva venduto il bestiame e i macchinari, licenziato quasi tutti i dipendenti – troppe proteste, diceva, troppi scioperi. Ormai lo interessavano solo le raffinerie nelle quali aveva investito anni prima e che ora finalmente gli rendevano bene, e una multinazionale di canna da zucchero che lo aveva fatto entrare nel consiglio di amministrazione. L'*hacienda* era sempre stata solo un passatempo per lui. Quella terra apparteneva alla sua famiglia da generazioni, una parte della casa risaliva addirittura alla fine del Seicento, quando l'*hacienda* era una missione di gesuiti. Mio padre era cresciuto nel mito del *ranchero* come tutti i maschi della sua famiglia. Per questo, dopo aver sposato mia madre, e visto che lei all'inizio non riusciva ad avere figli, aveva deciso di lasciare la città per vivere in campagna. Ma la vita all'*hacienda* non gli era mai piaciuta e appena poteva, con la scusa degli affari, tornava in città.

Amparo si prendeva cura della casa da sola. Coltivava l'orto – i tuberi di yucca, le pannocchie, i peperoncini verdi e una qualità particolare di *yam* dal colore viola acceso. Curava le piante nella serra di mia madre, le buganvillee del patio, lottava contro le erbacce che crescevano nelle crepe dei gradini. Guardava le macchie di muffa verde che affioravano nell'intonaco dei muri, il rosso delle colonne del patio che negli anni sarebbe sbiadito e le screpolature che si aprivano ovunque a causa del sole, della pioggia e dell'abbandono.

"Pilar ha avuto tre cuccioli e il grande albero di *guayacan* è stato attaccato dai parassiti e si è seccato" scrisse negli anni. Vita e morte all'*hacienda,* prima culla e poi tomba di quasi tutti quelli che lì hanno vissuto.

La sera Amparo si sedeva sulla panca fuori dalla porta della cucina. Guardava la montagna che al tramonto prendeva il colore della carne viva e le fronde degli alberi piegate dall'inquietudine del vento. Il cielo era basso sopra l'*hacienda,* delicato e crudele, striato di nuvole gialle orlate di rosso, come i fiori del *kapok*. Amparo beveva *aguapanela* con un po' di zenzero "per recuperare le forze" e da qualche tempo anche succo di *guanabana* – qualcuno l'aveva convinta che era una buona alternativa alla chemioterapia.

"È tutto immobile e silenzioso da quando siete andati via" scriveva. "Come sta *Doña* Frieda? Abbracciala per me, la ricordo sempre nelle preghiere."

Mia madre mi confessò una volta, poco prima del rapimento, che era stato solo per Amparo che negli anni in cui vivevamo all'*hacienda* non era impazzita. «È stata Amparo, con la sua vicinanza silenziosa, a impedire che mi impiccassi alla trave della rimessa, perché era a questo che *Doña* Frieda pensava ogni giorno quando tu eri bambino. Amparo non sa quanto sia stata importante per me. La sera, dopo che vi aveva messo a letto, saliva in camera mia, si sdraiava accanto a me, mi accarezzava piano. Raccontava storie della sua infanzia e degli anni in cui era ragazza: come incontrò e si innamorò del padre di Lola e perché lui non volle mai vedere la figlia. Di lui non fece mai il nome. Diceva che ciò che ci fa male non deve mai essere nominato. Mi manca molto, Amparo, non le ho mai detto quanto le voglia bene.»

Amparo mancava molto anche a me. Erano quasi sei anni che non la vedevo.

«Le ho fatto visita qualche tempo fa» disse mia madre. «Lola non era in casa. Amparo è così magra ora, ti farebbe impressione se la vedessi. Ha perduto quasi tutti i capelli, quei suoi bei capelli corvini di cui ero così tanto gelosa.» Esitò un momento poi riprese. «Tu l'hai amata molto, più di quanto hai amato me. È giusto così, è stata lei a farti da madre.»

Non dissi nulla. Guardai fuori dalla finestra la città che si estendeva sotto di noi – viva e disordinata, aggrappata con ferocia alla montagna – e i lampioni che si accendevano lentamente tingendo l'aria dei loro riflessi, un vivo color papaya. Pensai al crinale scosceso e alle ombre di altri monti, quelli ai piedi dei quali ero cresciuto, e a Lola e Amparo, sole nella notte dell'*hacienda*.

«Perché tu e Lola vi siete allontanati? Non hai mai voluto parlarmene.»

La guardai. Quella donna era mia madre e io solo allora stavo imparando a volerle bene. Per un momento fui quasi sul punto di dirle tutto ma alla fine non trovai il coraggio. Del motivo per cui Lola d io ci allontanammo parlammo solo anni dopo, quando mia madre venne a trovarmi a New York ed entrambi avevamo messo spazio e tempo tra noi e l'*hacienda*, tra noi e mio padre.

«Siamo cresciuti, mamma, ecco cosa è successo» risposi sorridendole con amarezza.

Lei venne a sedersi accanto a me, mi accarezzò il viso. «Era da tanto che non mi chiamavi così, *hijo*.»

*

Nell'ultima lettera dall'*hacienda*, di Lola non c'era cenno. Amparo mi raccontava solo di Clara e del massacro della gente del suo paese.

*Clara dice che sono arrivati una mattina molto presto. Erano più di cento. Lei era a casa della nipote, Esperanza, che stava per mettere al mondo il quarto figlio ed era molto affaticata. La nipote abitava qualche chilometro fuori dal paese. Sentirono gli spari e uscirono di casa. Videro un fumo denso che si alzava in lontananza e gli elicotteri sorvolare il villaggio. Esperanza e suo marito Alfonso avevano sentito storie terribili dagli abitanti dei paesi vicini. Non indugiarono un minuto di più e con Clara e i bambini si nascosero nella foresta. Rimasero lì molti giorni, mangiando manghi e noci di cocco e le poche provviste che si erano portati dietro, finché a Esperanza non arrivarono le doglie. Allora tornarono a casa e Alfonso andò al villaggio per vedere cosa fosse accaduto.*

Mentre leggevo le prime righe di quella lettera mi sentivo come all'inizio di fronte alla corrida, non sapevo se assumere il punto di vista degli uccisi, quello degli uccisori o quello dello spettatore. "È la morte che crea confusione", ha ragione Hemingway.

Il paese di Clara era una macchia verde tra un tumulto di montagne: case di fango, alberi di mango, pascoli verdi, la statua di Bolívar e la chiesa del Corregimiento al centro del paese. Negli anni i suoi abitanti avevano visto molti uomini in tenuta mimetica. Andavano per riscuotere le tasse, prendevano il cibo dall'emporio al prezzo che decidevano loro, qualche volta portavano via dei capi di bestiame, ma poi lasciavano in pace i *campesinos*. I paramilitari erano altra cosa. Quando il marito di Esperanza tornò a casa la moglie era in travaglio. Clara lasciò un momento la nipote e andò a parlare con Alfonso in cucina. Lo vide pallido e gli versò mezzo bicchiere di *aguardiente*. Alfonso bevve tutto d'un fiato e poi raccontò a Clara cosa aveva visto e quello che aveva sentito dai suoi compaesani.

Il villaggio era distrutto, le case bruciate, tutto il bestiame era stato rubato. Sui pochi edifici rimasti in piedi i paramilitari avevano scritto "*Aquí le metí el huevo a tu madre*". Lo scontro all'inizio era stato tra i guerriglieri e i paramilitari. Ma quando la guerriglia si era ritirata nella foresta, i paramilitari si erano accaniti sul villaggio. Avevano una lista di nomi di persone che ritenevano simpatizzanti dei ribelli. Avevano chiuso tutti gli abitanti del paese nella chiesa e avevano giustiziato il proprietario dell'emporio che era sospettato di rifornirli di cibo. Lo avevano legato a un albero vicino al cimitero e lo avevano torturato. Gli avevano cavato gli occhi, gli avevano tagliato la lingua, gli avevano ficcato i testicoli in bocca. Poi lo avevano aperto in due e scuoiato. Avevano ucciso un ragazzino di quattordici anni che stava piantando fagioli in un campo vicino. Aveva avuto paura e si era messo a correre, per questo lo avevano ammazzato. Dov'era la polizia mentre accadeva tutto questo? Dov'era l'esercito?

I paramilitari avevano decapitato una donna accusata di essere una rivoluzionaria – solo la parte inferiore del suo corpo venne ritrovata. Avevano stuprato a turno una madre di cinque figli che faceva le pulizie a casa del prete. L'avevano legata a una macchina trascinandola per il paese e l'avevano lasciata morire incatenata a un palo con il volto completamente sfigurato. Non era stata quella l'unica donna a essere stuprata in quei giorni. I paramilitari avevano mandato alcuni uomini del paese a portare bibite ai soldati rimasti nella foresta e avevano violentato le loro donne, alcune di loro erano insegnanti della scuola elementare. Ma la cosa che mi scosse di più nella lettera di Amparo fu che tutti i testimoni raccontavano di aver visto un elicottero del governatorato e uno dell'esercito prendere parte alla battaglia. *"Alla fine" raccontò Alfonso, "si sono alzati in volo sopra il paese, con i cadaveri dei guerriglieri appesi alle funi come trofei di caccia."*

*

«Sapevamo che in quel villaggio si nascondevano i guerriglieri» mi disse il governatore quando mi recai nel suo studio con la lettera di Amparo in tasca. «Ma non sapevo dell'attacco. L'ho appreso come te dai giornali. L'elicottero del governatorato? È una menzogna. Cose dette per screditarmi. Ma tanto per essere chiaro, *hijo*, questa è una guerra. Con i guerriglieri non ci può essere pace. Ho assunto questo impegno con i miei elettori molto tempo fa, ho promesso di non fare come i politici che mi hanno preceduto. Prima della giustizia sociale ci deve essere la pace, e la pace si può raggiungere solo sconfiggendo la guerriglia. Senza pace non ci sono investimenti e senza investimenti non ci sono le risorse di cui lo stato ha bisogno. Non è più possibile vivere in questo modo, sotto il costante ricatto dei rivoluzionari. Terre perse, imprese chiuse, strade pericolose, rapimenti e agguati.»

«Ma i paramilitari...» provai a dire.

«Fanno quello che l'esercito regolare non può fare» mi interruppe brusco, «la priorità, in questo momento, è sottrarre territorio ai ribelli.»

Il governatore in quegli anni raggiunse grande popolarità per le azioni di contrasto alla guerriglia. Era stato lui che qualche anno prima aveva dichiarato di nuovo legali i gruppi di paramilitari per combattere i rivoluzionari. E fu in virtù di quella popolarità che qualche anno più tardi iniziò la campagna elettorale che lo avrebbe portato al vertice dello Stato e venti anni dopo a essere accusato di crimini contro l'umanità.

Quello che era accaduto al paese di Clara era frutto dell'incesto tra il governo e i paramilitari, ma a quel tempo ero troppo giovane e insicuro per dirlo in faccia al governatore. Quello che il mio Paese imparò anni dopo fu che quel massacro e quelli che seguirono erano parte di una precisa strategia: sottrarre ai guerriglieri le vie d'accesso ai porti che erano essenziali per il traffico di droga.

*

Qualche volta nei sogni torno all'*hacienda*, nella casa che più di ogni altro luogo è stata testimone delle nostre vicissitudini. Con la mano apro il portone che nessuno più chiude a chiave. È sempre buio dentro. Provo ad accendere la luce ma non c'è corrente elettrica. Cerco una candela e dei fiammiferi nel mobile all'ingresso ma non riesco a trovarli. Proseguo a tentoni mentre le pupille lentamente si abituano all'oscurità. Fuori tace la guerra. Passo di fronte alla sala da pranzo dove nessuno ormai siede da anni. In cucina il camino è spento e tutta la cenere è stata rimossa ma stranamente sento ancora odore di *arepas* ripiene di carne. Il grembiule di Clara è appoggiato sulla sedia e ondeggia leggermente, come se qualcuno lo avesse appena riposto lì. Arrivo di fronte alla camera di Lola, giro il pomello ma la porta è chiusa a chiave. La stanza di Amparo invece è aperta. Il copriletto ricamato profuma ancora dei fiori di caffè. "Amparo?" provo a dire, ma la voce non emette alcun suono. "È morta, ricordi?" mi ripeto nel sogno. E allora ricordo il racconto che Lola mi fece del suo funerale e tremo nel sonno proprio come quel giorno. Ed è in quel momento che sento chiaramente lo sparo, il rimbombo che si propaga nelle stanze vuote. Salgo le scale due gradini alla volta. Mi sembra per un momento di vedere mia madre che cammina insonne nel corridoio, i capelli appassiti e le labbra riarse, ma è solo il riflesso della luna sulle tende pesanti della finestra. Mi dirigo verso la camera da letto di mio padre. Rimango sulla porta come se una forza mi respingesse indietro, ed è lì che lo vedo nella luce tremula del cero votivo. È nudo sul letto, il sesso esangue, arreso tra le gambe. Non capisco subito cosa sia successo. È solo quando mi volto verso il centro della stanza che vedo Lola con la pistola in mano e la camicia da notte schizzata di sangue.

"Sono stati i guerriglieri?" chiedo nel sogno.

"No" risponde Lola, "è stata la bella a uccidere la bestia."

# V

# L'ALTRA AMERICA

Scrittore: Per molto tempo ho creduto che fossero solo incubi notturni, sempre gli stessi. Mi alzavo di notte e camminando rasente al muro giungevo alla porta della tua stanza. Lì fuori, nascosto in un angolo, aspettavo in silenzio l'ombra che arrivava. Seduto per terra, senza quasi respirare, la vedevo allungarsi piano sul pavimento. Cercava in tasca la chiave, apriva la porta e la richiudeva. Ed era già sopra di te.

Poi non sentivo più nulla.

Solo il letto: *crick, crick, crick*

e il suo fiato su di te: uh, oh, uh

e il tuo grido trattenuto: basta, basta, basta!

Lola: Per molto tempo ho sperato che fossero solo incubi notturni, sempre gli stessi. Ti alzavi di notte e camminando rasente al muro giungevi alla porta della mia stanza. Lì fuori, nascosto in un angolo, aspettavi in silenzio l'ombra che arrivava. Con la testa sotto il cuscino, senza quasi respirare, la sentivo allungarsi piano sul pavimento. Cercava in tasca la chiave, apriva la porta e la richiudeva. Ed era già sopra di me.

Poi non sentivo più nulla.

Solo il letto: *crick, crick, crick*

e il suo fiato su di me: uh, oh, uh
e il tuo grido trattenuto: basta, basta, basta!

Scrittore: Una volta l'ho aspettato fuori dalla porta con la pistola in mano, volevo spararagli.

Lola: Una volta l'ho aspettato sotto le coperte con un coltello in pugno, volevo sgozzarlo.

Scrittore: Gli avrei sparato appena fosse uscito dalla stanza mentre si affrettava a tirare su i pantaloni.

Lola: Lo avrei accoltellato appena fosse entrato nella stanza mentre si chinava per abbassarsi i pantaloni.

Scrittore: L'ho desiderato e non l'ho mai fatto.

Lola: L'hai desiderato e non l'hai mai fatto.

E come avresti potuto? Eri suo figlio. Io invece un giorno sono cresciuta e tuo padre l'ho ammazzato davvero.

*

[*Una sera a cena, un anno prima che lo scrittore morisse.*]

Alma: E così tu vivevi con un'altra donna quando Lola è arrivata a New York?

Scrittore: Sì, da qualche mese, era la fine dell'estate del 2001... Cameriere, scusi, posso avere un altro bicchiere di rosso? Lo stesso, per favore. Era un Carménère.

Lola: Elizabeth, una stronzetta *wasp* piena di soldi.

Alma: E cosa hai fatto quando ti sei visto comparire Lola davanti?

Scrittore: Credetti di aver visto un fantasma, mia madre non mi aveva detto che sarebbe venuta... Devo pisciare prima. Lola, non raccontarle nulla finché non torno. [*Tornò dopo pochi minuti e con le mani alla cintura si aggiustò il cavallo dei pantaloni, poi si sedette.*] La prima volta che la vidi fu all'uscita del cinema. Eravamo andati a vedere *In the mood for love* di Wong Kar-wai – per me era già la seconda volta ma Elizabeth non l'aveva visto e il film dopo un anno era ancora in cartellone a Cinema Village. Era morto da pochi giorni mio padre e avrei fatto qualunque cosa per non pensare a lui.

C'era una storia in quel film che mi aveva colpito molto. La racconta il protagonista in una delle scene finali: se hai un segreto nascosto in fondo al cuore, qualcosa che non puoi rivelare a nessuno, sussurralo nella cavità di un albero e poi ricoprilo con un po' di fango, il segreto rimarrà al sicuro per sempre. Ed è questo che avrei voluto fare in quel momento, trovare la cavità di un albero o la fenditura di un muro e lasciarci dentro i miei segreti.

Era quasi sera e pioveva a dirotto. Camminavamo lungo University Place. Con l'ombrello tentavo di riparare Elizabeth dall'acqua mentre con la mano cercavo di fermare un taxi libero. Era inutile, i taxi venivano giù a gran velocità, sollevando onde d'acqua che ci inzuppavano i piedi. Quando il semaforo diventò rosso, guardai dall'altra parte della strada, mi ricordavo di un piccolo caffè dove avremmo potuto ripararci aspettando che spiovesse. Fu allora che la vidi sotto la luce del lampione. Lola mi fissava dal marciapiede opposto: gli occhi incavati, i capelli appiccicati al viso, il vestito fradicio che le aderiva al corpo come una pelle raggrinzita. Rimasi impietrito. Non poteva essere lei, tanto mi mancava che la stavo immaginando.

Alma: Da quanto tempo non vi vedevate?

Lola: Quasi dieci anni.

Scrittore: E lei non era cambiata, a ventidue anni era diventata se possibile ancora più bella. In quel momento devo aver allentato la presa sul manico dell'ombrello perché una folata di vento me lo strappò di mano e lo trascinò in mezzo alla strada. "*I am getting soaked!*" urlò Elizabeth. Tentai di recuperare l'ombrello ma il semaforo cambiò colore e il traffico disordinato della sera invase nuovamente la carreggiata. Tornai indietro e quando guardai di nuovo l'angolo della strada dove mi era sembrato di vedere Lola, lei non c'era più.

Alma: Perché sei fuggita?

Lola: Cosa avrei dovuto fare? Appena arrivata a New York ero andata all'indirizzo che mi aveva dato sua madre. Avevo citofonato più volte ma lui non aveva risposto. Avevo aspettato fino a tardi che rincasasse seduta sui gradini di un palazzo dall'altra parte della strada – la valigia stretta tra le gambe perché avevo paura di essere derubata. E poi, quando ormai avevo perso le speranze e gli occhi già mi si chiudevano per la stanchezza, lo avevo visto arrivare insieme a una donna. Ridevano abbracciati, sembravano felici. Lei era scalza, teneva le scarpe alte in mano, lo baciava sul collo mentre lui cercava la chiave giusta per aprire. Entrarono e lui richiuse il portone con un calcio.

Scrittore: Ripensandoci, Elizabeth era un'ottima coinquilina. Pagava lei l'affitto e mi faceva dei bocchini bellissimi la mattina appena sveglio.

Alma: Certo, cosa si può desiderare di più?

Lola: Ti aveva già presentato ai suoi genitori e voleva che lavorassi per la compagnia di trasporti di suo padre. Saresti diventato come gli uomini d'affari americani, quelli con le mazze da golf nel portabagagli e il brunch con i suoceri al country club la domenica.

Scrittore: È vero, se non fossi arrivata tu non avrei mai finito il primo libro.

Alma: Quando hai capito che la donna che avevi visto dall'altra parte della strada era proprio Lola?

Scrittore: Lola aveva deciso di giocare un po' con me. La vedevo ovunque: all'uscita dalla biblioteca, alla fine delle lezioni, tra la folla di Washington Square mentre gli artisti di strada ingoiavano torce infuocate. Ma quando cercavo di raggiungerla, lei spariva. È così o no?

Lola: Non è così e lo sai. Ero sconvolta, volevo parlarti ma avevo paura. Erano successe cose terribili da quando c'eravamo visti l'ultima volta. Non sapevo come raccontarti della notte in cui era morto tuo padre e del dolore che sentivo per la morte di mia madre.

Scrittore: Hai ragione, scusami, non volevo scherzare su fatti così gravi. Alla fine, ti sono venuto dietro una mattina che ti ho visto uscire dalla stazione della metropolitana a Union Square. Quando ti ho chiamata sei fuggita via e io ti sono corso dietro come facevamo da ragazzini quando correvamo nei campi dell'*hacienda*.

Alma: E poi cosa è successo?

Scrittore: Che poteva succedere? Lola era l'amore della mia vita. La sera stessa sono andato via da casa di Elizabeth e, dopo qualche giorno in un motel del Queens dove lei alloggiava, abbiamo trovato un subaffitto a Midtown.

Lola: Non fu facile all'inizio. C'eravamo lasciati poco più che bambini e ci ritrovavamo adulti. Ma la prima notte insieme la ricordo come la più bella. Sarebbe dovuto accadere anni prima ma la vita si era messa di mezzo, prima separandoci e poi mettendoci l'una con l'altro. Quando finalmente ci ritrovammo, passammo notti intere a parlare: piangemmo insieme per la morte di mia madre e trovai il coraggio di raccontargli della notte in cui era morto suo padre. Parlammo finalmente di quello che ci era accaduto, delle violenze e del suo rapimento – quando i guerriglieri lo avevano rilasciato, lo avevo chiamato molte volte al telefono ma *Doña* Frieda diceva che non voleva parlarmi. Quella prima notte, nel motel del Queens, giurammo che non ci saremmo più lasciati.

Scrittore: Non importava che fuori fosse giorno o notte o che i vicini bussassero sul muro spazientiti perché all'alba il letto cigolava ancora. C'eravamo solo noi, due meccanismi sincroni come negli anni dell'*hacienda*. Avrei voluto che continuasse così per sempre e non avevo motivo di pensare che le cose sarebbero andate diversamente. È stato bello crederci per un po', non è così Lola?

[*Lo ammetto, quella sera tra loro mi sentii di troppo e li invidiai per la felicità che avevano condiviso. Mi consolava solo sapere che, come la mia, anche la loro era finita presto e senza preavviso. Capii inoltre che c'erano cose che non volevano condividere con me, fatti di cui non mi avrebbero parlato. Come era morto il padre dello scrittore e perché Lola aveva lasciato improvvisamente il suo Paese per gli Stati Uniti?*]

*

*Lola*

Quando arrivai a New York vent'anni fa lo scrittore non si aspettava certo una mia visita. Frequentava l'università, stava scrivendo il primo libro e viveva con la sua compagna di corso in un appartamento a Mercer Street. Dopo la morte del *señor*, era stata *Doña* Frieda a nascondermi in casa sua. Ero arrivata in città all'alba, viaggiando su un autobus di notte con un gruppo di operai stanchi e malconci che tornavano dalla costa. Ricordo bene quel giorno, compivo ventidue anni.

«*¿Qué pasó?*» mi disse aprendo la porta. Avevo gli occhi gonfi e non riuscivo a parlare. «Stai tremando, *hija*, entra in casa.» Sotto la giacca avevo ancora i vestiti sporchi di sangue.

*Doña* Frieda mi voleva bene, fu a lei che quella mattina raccontai per prima le violenze di suo marito. Sapevo di metterla in una situazione difficile ma non avevo alternative, non mi era rimasto nessuno al mondo, ero sola.

*

Avevo da poco compiuto dodici anni, quando un giorno il *señor* tornò dalla città con un regalo: era un fermaglio di tartaruga con intarsi in madreperla. Ne fui sorpresa perché mai prima di allora il padre dello scrittore si era occupato di me, e se qualche volta in passato mi aveva parlato era stato solo per impartire ordini – dai da mangiare ai cani, svuota i portacenere nel mio studio, prepara il caffè per gli ospiti – o per rimproverarmi – fate troppo chiasso sotto il patio la sera, il caffè lo prendo amaro, dovresti averlo imparato.

«Perché un regalo?» gli chiesi quella volta.

«Perché dei capelli così belli meritano un fermaglio altrettanto bello» rispose.

Era già da qualche tempo che il padrone mi guardava. Se ero impegnata a fare qualcosa in casa o in giardino e alzavo un momento lo sguardo, trovavo i suoi occhi nei miei: frugavano veloci girandomi attorno e poi fuggivano, ma subito dopo tornavano. Il *señor* ora mi chiamava spesso nel suo studio per riordinare, il suono della sua voce si era fatto improvvisamente più dolce, a volte quasi supplichevole: «Lola, ti dispiacerebbe?». Oppure: «Avresti tempo per caso?». Una volta mi fece togliere tutti i libri dagli scaffali e mi chiese di rimetterli a posto dopo averli spolverati. Passai un'intera giornata a salire e a scendere dalla scala di legno della libreria mentre lui, seduto alla scrivania, esaminava certi documenti. C'era odore di fumo raffreddato nel suo studio.

«È solo un modo per ringraziarti della cura con cui ti sei occupata dei miei libri» disse quel giorno del fermaglio. «Vedi, Lola, non ho mai avuto una figlia femmina, ma ho sempre pensato a te come a una figlia.»

Fu così che cominciò, e io per qualche tempo mi convinsi che il *señor* avesse deciso di farmi un po' da padre, visto che il mio non mi aveva mai voluta.

*

Solo una volta mia madre mi aveva portato a conoscere il mio vero padre, avrò avuto già sei o sette anni. Ci presentammo all'uscita della fabbrica di canna da zucchero dove lui lavorava. Indossavo un vestito nuovo con il colletto in macramè che lei aveva ricamato. Quel pomeriggio mia madre aveva impiegato più tempo del solito a pettinarmi dopo il bagno, «Stai ferma» mi diceva mentre tentava di districare tutti i nodi.

Quando arrivammo di fronte al cancello, lei chiese al custode di chiamarlo: «Gli dica che sua figlia deve parlargli». Poi mi accompagnò con passi lunghi e impazienti sotto l'albero di mango all'angolo della strada, voleva che l'aspettassi lì. La fabbrica era un edificio di cemento armato con le finestre arrugginite e i vetri rotti. Una grande ciminiera di mattoni nascondeva il sole e proiettava un'ombra lunga su di noi. L'aria tutt'intorno sapeva di dolce e di bruciato, un odore che per molto tempo avrei accostato a quello di un padre.

Dopo qualche minuto, lui uscì. Indossava ancora i guanti da lavoro e aveva la faccia sporca di grasso e di fatica.

Si guardò intorno spaesato, strizzando gli occhi opachi per ripararli dalla luce. Infilò un dito nell'orecchio e scosse più volte la testa come per riprendersi. Quando vide che mia madre gli andava incontro spedita, quasi marciando, fece una smorfia con la bocca – non era lei che si aspettava di vedere. Mia madre si avvicinò parlandogli da lontano e lui si portò più volte la mano all'orecchio come per dire che non sentiva. Dalla fabbrica giungeva lo stridore convulso delle macchine, quello di una grande pancia affamata di ferro e di calore. Guardai i miei genitori che discutevano di fronte al cancello, era la prima volta che li vedevo insieme. A un tratto lei si voltò e mi indicò con la mano. Le sorrisi, incerta sul da farsi. Lui mi guardò e scosse la testa, poi tornò dentro chiudendosi il cancello alle spalle.

Mia madre venne a prendermi sotto l'albero di mango e insieme attraversammo la strada – camminava veloce tenendo gli occhi fissi sull'asfalto sconnesso e polveroso. Mi disse che avremmo aspettato la fine dell'orario di lavoro sedute sulla panchina della fermata dell'autobus perché da lì potevamo vedere il cancello. Quando mio padre uscì, un po' in ritardo rispetto agli altri, si guardò intorno con circospezione. Mia madre mi prese la mano e fece per alzarsi, ma quando notò che una donna e una bambina gli andavano incontro chiamandolo per nome ricadde seduta con un tonfo.

La bambina era poco più grande di me, aveva un viso lungo e magro e le trecce vecchie di qualche giorno. Mi sembrò che assomigliasse a una ragazzina che frequentava la mia stessa scuola. Mio padre la salutò con la mano mentre lei gli andava incontro correndo. La donna arrivò appena dopo e gli porse un pacchetto avvolto in un canovaccio, credo fosse la sua cena. Poi salirono insieme sulla vecchia corriera che ogni sera faceva la spola tra la fabbrica e il paese.

Mia madre non disse nulla, rimase a lungo immobile a guardarsi le scarpe impolverate.

Stava calando il sole e cominciavo ad aver fame. Pensavo a mio padre e alla sua cena avvolta nel canovaccio.

Le zanzare ci tormentavano le caviglie.

«Quando torniamo a casa?» le chiesi, ma lei non rispondeva. Mi grattai le gambe fino a farle sanguinare ma a lei non importava. Poi colsi un dente di leone che era cresciuto tra l'asfalto e lo sterrato, strappai la piccola corolla gialla e cominciai a succhiare il gambo che sapeva di limone.

«Sono stanca» dissi piagnucolando e con il sandalo schiacciai una formica che tentava di infilarsi in un buco nel terreno.

«Vedi, Lola, tanto tempo fa la famiglia di tuo padre possedeva una fattoria molto lontano da qui» disse a un tratto mia madre. «La terra gli venne tolta con la forza e loro furono costretti ad andar via. I nuovi proprietari si presero tutte le terre lì intorno e ne fecero grandi piantagioni di canna da zucchero. Sparirono gli orti e i pascoli e non si vedevano che canne ovunque, fino all'orizzonte. Migliaia di agricoltori si ritrovarono a lavorare nei campi che un tempo possedevano. Lavoravano duramente e senza diritti pur di sopravvivere. Tuo padre fu costretto a lasciare la scuola per tagliare canne da zucchero insieme agli altri. Spesso, a fine giornata, tornava a casa senza paga e con il corpo annerito dalla fuliggine delle canne bruciate, i polmoni infiammati dal fumo. Il dolore per quello che è accaduto a lui e alla sua famiglia lo ha reso un uomo duro e diffidente. Non è colpa sua, lo capisci?»

Feci cenno di sì ma non capivo, e anche oggi, dopo tutti questi anni, ancora non capisco. Mia madre mi prese il viso tra le mani, lo sollevò verso di lei e mi baciò sulla punta del naso come faceva di solito quando cadevo e mi facevo male. Poi si alzò ed entrò nella cabina telefonica lì accanto. Mi guardò attraverso il vetro rotto accennando a un sorriso. Mezz'ora più tardi Gustavo venne a prenderci in macchina.

*

«Non dire a nessuno del mio regalo, Lola» si raccomandò il *señor* quel pomeriggio. E mentre lo diceva notai che le sue labbra si muovevano in modo veloce e scomposto come non avevano mai fatto prima. Si stringevano l'una all'altra e poi si separavano come fossero due bestiole impaurite: erano le uniche cose vive sul suo viso. La sera stessa mostrai il fermaglio allo scrittore. Lui sbirciò un momento nella scatola, poi sgrullò le spalle e disse che non gli importava che suo padre avesse portato un regalo a me e non a lui. Invece ne soffriva e io lo sapevo, per questo non dissi nulla dei regali che seguirono.

Nascondevo i pacchetti nella stanza del cucito dove mia madre da qualche tempo voleva che dormissi, ma tenevo il fermaglio sotto il cuscino e lo stringevo forte tra le mani prima di dormire. «Ho sempre pensato a te come a una figlia, Lola» ripetevo sottovoce finché piano piano scivolavo nel sonno. Quando ci vedevamo nel suo studio, poco prima dell'ora di cena, avevo preso l'abitudine di ringraziarlo con un timido bacio, proprio come voleva lui.

«Sono felice di vederti, Lola» diceva accarezzandomi i capelli, «ti ho comprato un pettine d'osso perché tua madre mi racconta che ti impegni molto a scuola.»

E così continuammo ancora per qualche tempo, pacchetto dopo pacchetto: lui mi baciava sulla nuca e io sulla guancia, lui sulla fronte e io sul dorso della mano, finché un giorno fu lui a baciarmi sulla bocca. La notte seguente venne nella mia stanza. «Lo so che mi aspettavi» disse tirando via il lenzuolo. Ricordo solo un particolare di quella prima volta: la sua bocca nel buio si era allargata e mi sembrava enorme, si era mangiata in un colpo solo il resto del viso.

«Che dovevo fare, *Doña* Frieda? Quando lui è tornato all'*hacienda*, tre giorni dopo il funerale di mia madre, ha tentato ancora di usarmi violenza. "Mi stavi aspettando, piccola guerrigliera?" mi ha detto. "Quanti anni sono che non ci vediamo?" Ho preso una delle sue pistole solo per spaventarlo, non volevo ucciderlo... o forse sì, continuava a ripetere che avrebbe venduto la proprietà e mi avrebbe messo in mezzo alla strada se non avessi fatto ciò che voleva. Il colpo è partito mentre lui cercava di torcermi il braccio. Diceva: "O fai quello che dico io o ti ammazzo, Lola". Non so più nemmeno io come sono andate le cose, sono comunque colpevole.»

Il giorno dopo *Doña* Frieda mi comprò un biglietto aereo per gli Stati Uniti. Ottenni in poche ore il visto turistico per entrare nel Paese, la *señora* era amica del console americano. «*Hija*» disse, «non ti crederanno mai. Devi andare via di qui.» Mi mise in mano dei soldi e l'indirizzo di casa dello scrittore.

La mattina seguente *Doña* Frieda si presentò in commissariato. «Mio marito aveva molti nemici» dichiarò, «gli affari andavano molto male ed era pieno di debiti. Voleva mettere in vendita l'*hacienda*. Dopo la morte della nostra domestica, non ci abitava più nessuno. Sì, in passato avevamo subito altri furti. Gustavo Torres ha lavorato in casa nostra come autista, perché me lo chiede? È stato molto tempo fa. Che c'entra con la morte di mio marito? La figlia della domestica? È andata via subito dopo il funerale di sua madre, non so dove si trovi ora. È sparita, come spariscono tante persone in questo Paese.»

*

*Alma*

Mi sono chiesta per molto tempo se, prima di spararsi, quel figlio di puttana dello scrittore si fosse preoccupato di Lola e di quello che poteva accaderle. Le radici dei vivi crescono sul corpo dei morti? Sì, gli direi oggi se potesse sentirmi, ma le radici degli illegali non crescono mai da nessuna parte. Ti sei interessato dei diritti di tutti e non hai pensato che Lola dopo la tua morte sarebbe stata più vulnerabile? Lo sai cosa è accaduto dopo che ti sei sparato? È accaduto che il Presidente ha mandato i corpi speciali del BORTAC per scovare i clandestini e rimpatriarli. L'ICE aveva promesso di non arrestare più nessuno visto il rischio di diffondere il contagio nei centri di detenzione già al collasso. E invece il Presidente ha inviato le forze speciali, quelle che al confine con il Messico si occupano dei narcotrafficanti e delle *maras* centroamericane. New York è una città santuario che protegge i clandestini, e allora spediamo BORTAC ad acciuffare le nonnine entrate qui illegalmente quarant'anni fa.

«TANGO?» hanno chiesto quelli dell'immigrazione quando Lola dopo l'arresto è arrivata nel quartier generale dell'ICE di Federal Plaza per essere identificata.

«No» ha risposto il militare che l'accompagnava, «è una collaterale. È arrivata qui vent'anni fa con un permesso di soggiorno di tre mesi e non è più andata via.»

«Ah, è una di quelle, allora... Parla inglese, signora?»

TANGO in gergo militare vuol dire "obiettivo", ma anche "nemico", significa che l'arrestato è la persona che l'immigrazione stava cercando. Sfortunatamente quando quelli dell'ICE danno la caccia a qualcuno spesso si imbattono in altri irregolari che una volta scoperti vengono arrestati, li chiamano "collaterali". Chissà se Lola ha pensato alla sua danza quando quelli dell'immigrazione hanno chiesto al militare dei BORTAC che l'aveva arrestata se fosse un TANGO.

Lola non era un TANGO. Le lezioni di tango durante il lockdown non si tenevano più, le coppie avevano rimandato i matrimoni, le feste erano state rinviate, le milonghe chiuse. Nessuno aveva più voglia di ballare, di stare insieme, di far festa. A New York in quelle settimane di aprile si contavano ogni giorno centinaia di morti. In città erano arrivate decine di camion frigoriferi per le salme in attesa di sepoltura e le fosse comuni di Hart Island, con le bare di legno grezzo interrate le une accanto alle altre, attendevano i morti che nessuno reclamava.

Lola era uscita all'alba per passeggiare, non riusciva più a dormire da quando lo scrittore era morto. Camminava sola guardando le gemme luccicanti degli alberi e i giacinti e i narcisi che erano spuntati ovunque nei piccoli giardini di Harlem. La strada era inondata da una nebbia luminosa che saliva lenta verso il cielo. Tra le case basse e scrostate, i giardini risplendevano al sole come fazzoletti stesi ad asciugare, c'era odore di fresco. La città era vuota e silenziosa come Lola non l'aveva mai vista e per le strade si sentiva il cinguettio degli uccelli che erano tornati in primavera. Se lo scrittore potesse vedere questa primavera, se potesse sentire il canto di questi uccelli, pensava. Sembrano volerci consolare per tutte queste morti, anche per la sua. «Senti?» sussurrò dietro la mascherina. «Sembra che gli uccelli ripetano il tuo nome.»

Quella mattina Lola girò l'angolo tra la Centodiciassettesima e Lexington Avenue ed è lì che li vide: trascinavano via Alvaro in manette. La figlia Agata, che aveva sei anni, si era attaccata alle gambe del padre e gridava. La madre era rimasta sulla porta del sottoscala dove abitavano, teneva in braccio la bambina appena nata. Lola li conosceva bene perché Alvaro lavorava nel *deli* in fondo alla strada. Agata spesso giocava con il gatto che tenevano in negozio e Lola si era fermata qualche volta ad accarezzarlo. «*Mi papá, mi papá*» urlava la bambina piangendo.

Fu allora che Lola si mise di mezzo. Non pensò neppure per un momento al rischio che correva. Se fosse arrivata solo qualche minuto prima avrebbe gridato ad Alvaro di non aprire la porta all'ICE che bussava.

"Non possono arrestarvi se non gli aprite la porta" avrebbe detto, "è contro la legge, non hanno un mandato per entrare in casa vostra."

Ma non era arrivata in tempo, come con lo scrittore. All'ufficiale dei BORTAC che le diceva di non immischiarsi Lola disse che Alvaro era una brava persona, che lavorava e pagava le tasse, che aveva due figlie americane, che era entrato nel Paese dieci anni prima passando per il deserto per scappare dal Cartello che lo voleva morto. E quando quello la spinse via perché lei gli bloccava il passaggio, Lola cadde a terra, si rialzò, si aggiustò i capelli stringendo l'elastico spesso in fondo alla treccia, abbassò la mascherina e gli sputò in mezzo agli occhi.

Collaterale forse Lola lo era stata per tutta la vita – collaterale nella vita di suo padre, in quella dello scrittore e anche in quella del padre dello scrittore, collaterale nella guerra che si combatteva nel suo Paese – ma quella mattina di primavera, quando i *cuvivíes* tornarono in città, e nell'aria si sentiva il loro canto lamentoso interrotto solo dall'ululato delle ambulanze, Lola decise che non si sarebbe fatta da parte, che non sarebbe fuggita ancora, che se la vita l'aveva presa come bersaglio, lei quello sarebbe stata. E allora tango.

*

Tra la primavera e l'autunno del 2020, Lola mi scrisse alcune lettere per raccontarmi ciò che accadeva nei centri di detenzione per immigrati illegali nei quali veniva di volta in volta trasferita.

*Stato di New York, 21 maggio 2020*

Cara Alma,

spero che questa lettera ti trovi bene. Scusami se non sono riuscita a richiamarti dopo la nostra ultima telefonata. La situazione è ancora molto difficile, qui.

Oggi Rosa, una delle mie compagne detenute, ha trovato un biglietto nella tasca dell'uniforme arancione che dobbiamo indossare nel carcere, quella con la scritta sulla schiena che dice "Detenute ICE". Rosa aveva appena ritirato l'uniforme pulita dalla lavanderia. Il biglietto era scritto in spagnolo e proveniva dal padiglione degli uomini. Un tale Camilo Lopez, che quel giorno era addetto alla lavanderia, lo aveva nascosto nella tasca dei pantaloni.

"Stiamo iniziando lo sciopero della fame" diceva il biglietto, "vogliamo chiedervi di unirvi a noi. Se avete in mente qualcosa di diverso per la protesta, fateci sapere. Rimaniamo in attesa di un vostro messaggio."

Abbiamo lavorato alla risposta tutto il pomeriggio e abbiamo aspettato che fosse il nostro turno alla lavanderia per recapitarla al padiglione degli uomini con lo stesso sistema. Abbiamo scritto che ci saremmo rifiutate di lavorare nelle cucine, allo spaccio e al servizio lavanderia – lavori per i quali veniamo pagate appena un dollaro al giorno – e che le più giovani e in buona salute tra noi avrebbero rimandato indietro i pasti che arrivano dalla mensa.

Lo sciopero serve per chiedere alle autorità di liberare i detenuti anziani e quelli che soffrono di asma e di diabete, i più vulnerabili al virus.

Ti scriverò nei prossimi giorni. Spero di poterti dare buone notizie.

Come stanno i tuoi figli? Dai un bacio a Nanda per me. Mi sono ricordata che oggi compie gli anni. Sono contenta le siano finalmente arrivate le mestruazioni.

Ti penso,

L.

*Stato del New Jersey, 4 luglio 2020*

Cara Alma,

scusami per il silenzio di queste ultime settimane. A volte è troppo difficile scrivere e raccontarti di me. Anche al telefono faccio fatica, appena inizio a parlare la voce trema e non riesco a trattenermi dal piangere.

Dopo la rivolta nella prigione di New York sono stata trasferita in un centro di detenzione per illegali nel New Jersey. Alcune delle detenute che erano con me sono state trasferite in questo stesso centro, e così almeno non mi sento troppo sola. Oggi, mentre eravamo in cortile, un aereo ha disegnato in cielo la parola FREEDOM. Le mie compagne e io siamo rimaste a guardarla finché i trattini di fumo bianco sono stati cancellati dal vento. Per un momento ho pensato che quel messaggio fosse per noi. Ma Dariela, una mia compagna salvadoregna, mi ha detto che probabilmente era solo uno dei tanti messaggi patriottici che gli aerei scrivono in cielo per celebrare la festa del 4 luglio, il giorno dell'Indipendenza.

"Per quelle come noi" mi ha detto scrollando le spalle, "la parola 'libertà' è solo una scritta nel cielo, basta un po' di vento per farla svanire."

Vedi, Alma, sono venuta in questo Paese quasi vent'anni fa ma non sono sicura di esserci mai arrivata, e proprio ora che lo scrittore è morto sono costretta a tornare indietro.

Scrivi di te, com'è la città dopo la fine del lockdown? Avete ricominciato a vivere?

Tua sempre,

L.

*Stato del New Jersey, 5 luglio 2020*

Cara Alma,

solo un breve messaggio per dirti che l'aereo è tornato anche oggi. Questa volta ha scritto in cielo un messaggio diverso: NO MORE CAMPS. Ora ne siamo sicure, queste parole sono per noi. Qualcuno scrive messaggi in cielo per farci coraggio, per darci speranza. Questa sera a cena eravamo tutte di buon umore. Anche Teresa, una nonnetta honduregna che nel Queens ha lasciato quattro nipoti, sembrava meno inconsolabile. Prometto di scriverti più spesso, amica mia.

Ti bacio,

L.

*Stato del New Jersey, 19 luglio 2020*

Cara Alma,

Mi dispiace molto che tuo padre non stia bene ma sono contenta che tu sia riuscita a tornare in Italia con i ragazzi. Non avresti potuto fare nulla per la mia situazione e mi sentivo profondamente in colpa sapendo che volevi rimanere a New York solo per me. Ho pensato molto a quello che mi hai scritto nell'ultima lettera: dopo tutto questo tempo tuo marito vuole tornare con te. Che farai, ora? Ai ragazzi lo hai detto? Prenditi un po' di tempo per pensare. Questo viaggio in Italia ti porterà consiglio. Se nella mia vita adulta avessi potuto viaggiare e scegliere un luogo diverso per vivere, credo che avrei scelto il tuo Paese. Lo conosco solo dai libri e dai film ed è così che me ne sono innamorata.

Per quanto riguarda il tuo matrimonio, questo è ciò che ho capito di voi: quando tuo marito se n'è andato tre anni fa non era pronto a lasciarti – la storia con la ragazza che diceva di amare è durata solo pochi mesi – e tu certo non ti aspettavi che il tuo matrimonio finisse così all'improvviso. In questi tre anni di separazione, avete comunque continuato a vedervi. Lui viene a cena da te, gli prepari ancora i suoi piatti preferiti, rimanete a parlare in cucina quando i ragazzi tornano in camera a studiare – sono cose inusuali per una coppia che non sta più insieme da tanto tempo, questo credo che tu lo sappia. È come se in questi anni aveste avuto bisogno di assorbire quello che era accaduto. Avete vissuto come sospesi, quasi facendo finta che nulla fosse cambiato. È stato il vostro modo di sopravvivere all'urto, di rendere il trauma più sopportabile.

Sei rimasta congelata in una vita che assomiglia per molti aspetti a quella di prima: stessa casa, stesso marito dal quale non hai mai divorziato, stesse responsabilità con i figli di cui ti fai carico sempre da sola, e soprattutto nessun altro nel cuore. Tuo marito viene da te per sentire ancora il calore di una famiglia, malgrado sia stato proprio lui a volerla dividere. E viene forse anche per assicurarsi che non ci sia nessun altro nella tua vita – lui anche, in tutto questo tempo, non si è legato a nessuna, come se ci fosse un patto tacito tra voi. Ma quello che veramente mi sento di dirti oggi è che il rapporto che vivete è un fantasma, l'eco di qualcosa che non c'è più – almeno per te, se so ancora leggere il tuo cuore, e forse anche per lui, malgrado dica il contrario.

È difficile riuscire a capire la propria vita, per questo abbiamo bisogno di vederla attraverso gli occhi degli altri. Io dei tuoi occhi mi fido, Alma, mi restituiscono sempre la verità. È con gli occhi del bene che mi guardi. Ecco, oggi è il mio sguardo che ti dono, abbine cura. È sincero proprio come l'abbraccio che vorrei darti.

Inizia il mio turno in lavanderia.

Tua sempre,

L.

*Stato del New Jersey, 29 luglio 2020*

Cara Alma,

Da quando sono in questo centro di detenzione ho visto partire molte delle mie compagne. Alcune sono state trasferite altrove, altre che erano qui da più tempo sono state deportate. Le guardie arrivano all'improvviso, nel cuore della notte. Svegliano le detenute e dicono loro di prendere gli effetti personali. Gli avvocati non vengono mai avvertiti e neppure le famiglie, scoprono dei trasferimenti e delle deportazioni solo nei giorni successivi.

La notte passata le guardie sono entrate nel dormitorio e hanno ordinato a molte di noi di fare i bagagli. Non avevamo quasi nulla da prendere: forse qualche foto, un rosario per pregare, la ciocca dei capelli di un bambino arrivata per posta con l'annuncio della nascita. Torniamo a casa nude, spogliate di tutto, come se nascessimo oggi una seconda volta, espulse da un ventre che non ci vuole più. Portiamo con noi bagagli fatti di niente, invisibili e pesantissimi, pieni di perdite e di mancanze.

Camminiamo sulla pista dell'aeroporto incatenate le une alle altre, con i nostri passi brevi e sincopati, gli stessi con i quali abbiamo vissuto le nostre vite clandestine. Trasciniamo i piedi sull'asfalto – le scarpe sono diventate troppo larghe dopo che ci hanno ordinato di togliere i lacci. Eccole, le ultime americane, necessarie all'economia del Paese e poi improvvisamente inutili. Molte di noi hanno fatto ogni tipo di lavoro, con ogni tempo, a ogni ora, e cresciuto figli americani ai quali non hanno fatto in tempo a dire addio. Ci saranno nascite che non vedremo mai, funerali di cui ci verrà data notizia al telefono, matrimoni per i quali manderemo solo un biglietto.

Centinaia di catene rimangono sulla pista di decollo mentre ci fanno salire in aereo senza mascherine né distanziamento, senza controllare la temperatura. Qualcuno dietro di me tossisce, mi copro il viso con la manica della camicia. Mentre l'aereo sale in quota guardo il New Jersey sotto di noi: gruppi di case costruite su viali concentrici e sinuosi, vite americane fatte di ordinarie geometrie.

Pensavo che deportassero anche me oggi e invece mi hanno detto che andrò in un centro di detenzione in Georgia. Altre donne rimarranno su questo aereo e proseguiranno per Tegucigalpa. Teresa è una di loro, il tribunale ha deciso che deve essere rimpatriata. Le tengo la mano mentre l'aereo decolla e lei piange pensando ai nipoti rimasti con la nuora nel Queens.

«Esiste un altro modo di vivere?» le chiedo.

«Non so» mi dice, «se fosse esistito, probabilmente lo avremmo trovato in America.»

Spedirò questa lettera appena arriverò nel nuovo centro. Continua a pensarmi mentre all'alba cammini su quella spiaggia di cui mi parlavi nell'ultimo messaggio, quella vicino alla montagna di Ulisse. Sono sicura che il tuo pensiero arriverà al mio e in qualche modo sentirò anch'io l'odore del mare e il canto dei gabbiani, il fresco delle onde tra le dita dei piedi. Non stare in pensiero per me, non voglio che tu perda altro sonno.

Sempre tua,

L.

*Stato della Georgia, 10 agosto 2020*

Cara Alma,

sono accadute molte cose dall'ultima lettera che ti ho spedito. Devi sapere che qui in Georgia accadono fatti terribili. Di notte le guardie non prelevano solo chi deve essere deportato. In questi giorni sono venute soprattutto per accompagnare le detenute in una clinica privata. L'altra settimana hanno svegliato Angela che dorme sopra di me e che mi ha chiesto di tradurre quello che la guardia le diceva.

«Dove mi vogliono portare, Lola?» mi ha detto.

«La guardia dice che i crampi mestruali di cui soffri sono causati da due grosse cisti che devono essere rimosse chirurgicamente. È scritto tutto sul foglio di ricovero.»

«Quali crampi? Non soffro di crampi» dice e poi si rivolge alla guardia in spagnolo: «Sono stata dal ginecologo all'inizio di quest'anno e non c'erano cisti, diglielo, Lola». Ma la guardia insiste e alla fine Angela va con lei. La rivedrò solo in serata, dolorante e intontita, le mani incrociate a sorreggere il grembo.

Qualche giorno dopo, la mia vicina di branda, una ragazza giamaicana dagli occhi grandi e inquisitori, mi prende da parte e mi dice: «Se vengono a svegliarti per dirti che ti devono operare rifiutati, non possono obbligarti. Hanno provato anche con me, ma io ho avuto una isterectomia anni fa e mi sono rifiutata di seguirli».

«Ma che succede qui dentro, Wendy?»

«Succede che se hai mal di testa ti mandano dal ginecologo e se ti lamenti per un dolore alla schiena ti fanno come minimo un esame vaginale.»

«E perché lo fanno?»

«Possibile che non lo capisci? Lucrano su di noi. Sono operazioni non necessarie per le quali si fanno pagare migliaia di dollari dal Dipartimento per la Sicurezza Nazionale, ora che a causa del virus le persone normali non vanno più a farsi visitare. Le detenute di solito non parlano inglese e in clinica non c'è mai un traduttore. Le donne non capiscono neppure di cosa devono essere operate e si sentono obbligate a firmare il foglio per dare il consenso: il giorno dopo scoprono che non hanno più l'utero. La mia avvocata sta raccogliendo le prove, un'infermiera del centro ha finalmente accettato di raccontare la verità. Presto succederà il pandemonio, qui dentro.»

Capisci, Alma? Non ci tolgono solo la libertà, ora si prendono anche la parte più intima di noi. Scrivi di questo sul tuo giornale. A cosa servono altrimenti le parole se non a salvare? E se pure non salveranno noi, forse riusciranno a salvare chi verrà dopo.

*Te abrazo,*

L.

*Stato della Georgia, 20 agosto 2020*

Cara Alma,

ho ricevuto proprio oggi per posta l'articolo che hai scritto su questa prigione. Mentre lo traducevo in spagnolo alle mie compagne abbiamo visto alla televisione che anche un'emittente locale stava parlando di quello che accade qui (di solito non ci fanno guardare la televisione perché non vogliono che ascoltiamo le notizie sul virus ma oggi ci hanno lasciato fare). Nei prossimi giorni ne scriverà persino il "New York Times", o così almeno dice Wendy che lo ha saputo dalla sua avvocata. Finalmente il procuratore ha aperto un'inchiesta sulla gestione di questo centro e sui diritti violati delle donne.

Tu come stai? Sono felice di sapere che sei arrivata quasi alla fine del tuo romanzo. Non te l'ho mai raccontato ma nelle settimane prima di morire lo scrittore aveva ricominciato a lavorare. Forse era un modo per darsi più tempo, come se un nuovo libro potesse allontanare il pensiero della morte. Vedi, Alma, da quando lo scrittore è morto siamo tornati a essere due meccanismi sincroni proprio come negli anni in cui vivevamo all'*hacienda*. All'inizio, lo ammetto, ero molto arrabbiata, e la rabbia montava ogni giorno al pensiero che non potessi neppure più dirgli quanto mi avesse ferita uccidendosi. Poi, col tempo, la rabbia è scemata e ha lasciato il posto a un sentimento più subdolo, la colpa. Mi incolpavo per non essere riuscita ad aiutarlo: se solo gli fossi stata più vicina, mi rimproveravo, se quel giorno fossi tornata dal lavoro qualche minuto prima. In quei mesi mi sono sentita persino in colpa di essere viva. Avrei dovuto morire anch'io con lui, mi dicevo, come la moglie di Zweig o quella di Koestler.

Ho pensato più volte di uccidermi ma mi è mancato il coraggio. Se avessi potuto smettere di esistere solo sollevando un dito probabilmente lo avrei fatto, lo faremmo tutti. È solo da quando sono qui che ho cominciato a vedere le cose in modo diverso. Vedi, Alma, ho letto da qualche parte che dal lutto a volte può sbocciare un progresso – credo sia un verso di Rilke. Non so se ci sarà mai un vero progresso per me ma ultimamente sono arrivata a una nuova consapevolezza. Forse è vero quello che diceva lo scrittore, che la vita non ha alcun significato e che per quanto possiamo affannarci tutto è inutile. Eppure, sapere questo oggi non mi provoca angoscia ma un senso di sollievo. Continuerò comunque a vivere e ad affannarmi, a resistere e a lottare, perché questo è quello che gli esseri umani fanno da sempre, proprio come gli uccelli nel loro migrare eterno. Credo sia stata l'accettazione di questa condizione ad avermi resa libera.

«Che traccia lasceremo nel mondo, Lola?» mi chiedeva spesso lo scrittore prima di dormire. «Non lo so» rispondevo, «forse il mondo non saprà mai nulla di me.» Eppure, oggi voglio pensare che da quando New York ci ha visto camminare non sia più la stessa, che Harlem sorrida ancora la sera da quando ci ha sentito litigare, che il grande tiglio della Promenade fiorisca prima in estate da quando sa che aspetto il suo profumo, che le oche canadesi in autunno si ricordino di passare a salutarmi prima di migrare e che l'East River negli anni abbia invertito il corso delle sue correnti solo per adeguarsi al verso dei miei passi. Sono tracce invisibili quelle che ho lasciato. A volte io stessa fatico a riconoscerle ma tu cercale, Alma, e quando le avrai trovate ti sembrerà di sentire ancora le nostre voci bagnate di pioggia e i nostri piedi svelti sotto i ponteggi dei palazzi in costruzione, proprio come quella notte a Clinton Street.

I morti non hanno bisogno di noi. Ma io sento di avere ancora bisogno dello scrittore quando ogni mattina all'alba apro gli occhi, scendo dal letto e con passo spedito riprendo a camminare a testa alta verso il nulla.

Tua sempre,

L.

*

*Alma*

Dopo la morte dello scrittore e prima del suo arresto, Lola e io passammo molto tempo insieme. Vederci era un modo per farci coraggio, per tenerci compagnia, forse addirittura per sopravvivere. Tra i tanti momenti, ricordo in particolare un pomeriggio di febbraio – pioveva ed eravamo insieme a casa mia.

«Quando tornano i ragazzi da scuola?» mi chiese guardando l'orologio.

«Teo ha gli allenamenti oggi pomeriggio. Nanda dovrebbe arrivare fra poco.»

«Mi piace che Nanda abbia cominciato a chiamarmi zia.»

«Ti vuole molto bene...» le dissi sfiorandole i capelli. «Saresti stata un'ottima madre, perché non hai mai voluto avere figli?» – mi pentii subito di averglielo chiesto.

«Non volevo che soffrissero come avevamo sofferto noi» rispose rabbrividendo. «Ho freddo, si gela in questa casa.»

Mi alzai dal divano e presi una coperta, un vecchio tartan scozzese a quadri blu. Poi tornai a sedermi accanto a lei e disposi la coperta in modo che coprisse entrambe.

«Cosa guardi sul cellulare?» mi chiese dopo qualche minuto.

«Sto leggendo dei casi di virus in Italia. Hanno chiuso alcuni comuni nel Nord... mi sembra un'esagerazione.»

«Arriverà anche qui» disse lei, «contagerà tutto il mondo.»

«Sei sempre così pessimista... ci sono pochissimi casi negli Stati Uniti.»

«Sono solo realista» replicò, «gli Stati Uniti stavolta non faranno eccezione.»

Sbuffai e tornai a scorrere con gli occhi l'articolo di giornale.

Lola si rabbuiò. Rimanemmo entrambe in silenzio ad ascoltare la pioggia che trafiggeva obliqua i vetri delle finestre.

«Guarda» le dissi per cambiare discorso, «ieri ho ritrovato questa foto di noi tre a casa vostra.»

«Ricordo quel giorno... lui sembrava sereno. Avevamo preparato insieme le *arepas* di pollo e ballato il *bambuco* a piedi nudi in terrazza» e mentre lo diceva accarezzava il volto dello scrittore sullo schermo.

La guardai, fisicamente Lola non poteva essere più diversa da me: minuta, aggraziata, perfetta. Credo di essermi sempre sentita brutta rispetto a lei, soffrivo il confronto. Speravo ogni volta che la guardavo di scoprirne i difetti nascosti. Il pensiero che non ne avesse mi deprimeva.

«Quando hai capito che andavamo a letto insieme?» le chiesi all'improvviso, quasi pensando ad alta voce.

Si voltò a guardarmi.

«Scusami, Lola, non so perché l'ho detto, è una domanda sciocca, senza senso» – in verità era da tanto tempo che volevo chiederglielo.

«La sera stessa che vi ho visto chiacchierare in terrazza a casa nostra, una settimana dopo il nostro incontro a "The Moth"» disse sogghignando, «sapevo che sareste finiti a letto insieme.»

«E non ti importava?»

«Delle altre non mi importava ma di te sì, ti avrei voluta solo per me» rispose toccandomi sotto la coperta.

Mi irrigidii.

«Come faceva a non importarti delle altre?»

«C'era una frase di D. H. Lawrence che lo scrittore ripeteva spesso. Vediamo se riesco a ricordarla. Ah, ecco, sì: "Che importanza hanno i legami fortuiti, e in particolar modo quelli sessuali. Se la gente non li esagerasse in maniera ridicola, essi passerebbero come gli accoppiamenti degli uccelli. E così dovrebbe essere. Che importanza ha? Ciò che conta è il rapporto che dura tutta la vita. È il vivere insieme giorno dopo giorno, non il dormire nello stesso letto una volta o due".

Me la volle ripetere anche quando gli chiesi se andaste a letto insieme.»

"Figlio di puttana, lui e gli accoppiamenti degli uccelli" dissi tra me. E pensare che io all'inizio mi ero persino sentita in colpa nei confronti di Lola.

«Tu non lo hai mai tradito?» chiesi stizzita.

«Cosa te lo fa pensare?»

«Credo che lo scrittore fosse convinto che tu gli fossi stata sempre fedele. Diceva che il sesso non ti era mai interessato veramente.»

«Allo scrittore raccontavo solo quello che era in grado di sentire» rispose avvicinandosi quasi a sfiorarmi il viso.

Fuori, intanto, si era fatto buio e il vetro della finestra rifletteva l'interno della stanza. C'erano due donne come noi sedute dall'altra parte del vetro, in un salotto del tutto identico al nostro: lo stesso divano bianco, la stessa libreria disordinata, le stesse piante cresciute a dismisura. La stessa stanza, le stesse donne, lo stesso tartan a quadri blu, ma tutto con contorni sfocati, confini poco definiti. Due *noi* riflesse, evanescenti, confuse con le luci della città. Sedute troppo vicine per essere solo amiche, ma ancora troppo distanti per essere qualcosa di più. Al di là del vetro la donna con i capelli lunghi si avvicinò ancora di più all'amica, proprio come Lola fece con me. Nella stanza riflessa le due donne si abbracciarono e cercarono l'una la bocca dell'altra. Nella stanza reale invece una chiave girò nella toppa: era Nanda.

«Zia Lola» disse entrando, «speravo proprio di trovarti qui!» Poi si fermò a guardarci come perplessa. «Mamma» mi disse, «non ti senti bene? Sei tutta rossa in viso.»

*

Il giorno dopo, convinsi Lola ad andare a passeggio sulla Promenade, speravo che uscire l'aiutasse a distrarsi.

«C'è una storia che raccontai allo scrittore molto tempo fa» mi disse a un tratto stringendomi il braccio. «Ci pensava in ogni momento, ne era ossessionato.»

«Che storia?»

Lola rimase un momento in silenzio. Si soffermò a guardare la scia bianca e spumosa lasciata dal traghetto. C'era bassa marea quel giorno: l'acqua ritirandosi aveva lasciato scoperto il fondale scuro e algoso dell'argine.

«La storia di questi uccelli, chiamati *cuvivíes*, che sembra si suicidino nelle acque gelide di una laguna sulle Ande.»

«Sì! Me ne parlava spesso, non sapevo gliel'avessi raccontata tu...» dissi sorpresa.

«Mi sono pentita di averlo fatto, negli ultimi tempi non pensava ad altro... fu come quando gli raccontai del massacro avvenuto anni prima in un paese di montagna nella regione dove siamo nati.»

«Quello di cui scrisse nel suo primo libro, che aveva come protagonista un guerrigliero?»

«Proprio quello» rispose, «lo scrittore cambiò completamente l'impianto narrativo del romanzo e lo incentrò tutto su questa storia. Restammo giorni interi chiusi in casa a parlare del massacro di cui avevo saputo da mia madre e da Clara, la nostra vecchia cuoca. E mi convinse a fare un lungo lavoro di riscrittura del manoscritto originario.»

Non potevo credere a quello che mi stava dicendo.

«Quindi il libro lo hai scritto tu?» chiesi sbalordita.

«Ciò che era mio era anche suo, non mi sono mai preoccupata di reclamare diritti e proprietà. Ma sì, lavoravamo insieme a ogni libro, a ogni progetto.»

«E la sua attività politica?»

«Anche a quella lavoravamo insieme. Gli dissi che per impedire gli arresti e le deportazioni dovevamo avvertire i clandestini delle retate dell'ICE. E lui ne fece il fulcro della sua battaglia contro il governo... Sono stanca di camminare, ti dispiace se torniamo indietro?»

Quel giorno capii che le cose che mi avevano affascinato dello scrittore provenivano tutte da Lola. Era Lola che leggevo nei suoi libri, era sua la voce che sentivo nei racconti dello scrittore, suo il coraggio nell'impegno civile.

*

Un pomeriggio di metà marzo, Lola e io conversavamo sulla terrazza di casa sua. Era da poco iniziato il lockdown a New York. Ricordo che quel giorno io non ero tranquilla. Avevo paura che anche lei mi lasciasse, che anche lei desiderasse morire.

«Fa ancora troppo freddo per stare qui fuori» le dissi.

«Starei solo qui se potessi, la casa mi dà un senso di angoscia. Mi sembra di sentire ancora l'odore del sangue» mi rispose.

«Sei più entrata in camera sua dopo che l'hanno ripulita?»

«No, non ci riesco. Ci sono ancora tutte le sue cose. Dovrei trovare il coraggio di donarle alla parrocchia ma rimando ogni giorno. Poi non so se con il virus accetterebbero i suoi vestiti... la gente di questi tempi ha paura di tutto.»

«Non devi farlo subito. Lo faremo insieme quando finirà il lockdown. Ti aiuterò io» le dissi.

Lo scrittore aveva due tipi diversi di vestiti: quelli per i mesi in cui era depresso e smetteva di mangiare e quelli, di due taglie più grandi, per i periodi in cui era euforico e ingrassava. Era come se in lui abitassero due persone, ciascuna con le sue abitudini, i suoi tormenti, persino un suo guardaroba.

«Dovrei svuotare anche il suo studio, decidere cosa fare dei suoi libri, sono troppi per portarli tutti qui. Tu hai ancora le chiavi, per caso?» mi chiese.

«No, gliel'ho restituite quando abbiamo smesso di vederci» risposi con un certo nervosismo. Quella domanda mi infastidì – era la prima volta che Lola entrava nei dettagli della mia relazione con lo scrittore.

Un'ambulanza a sirene spiegate passò sotto casa. Ci sporgemmo entrambe a guardarla. Si fermò di fronte al palazzo all'angolo della strada. Uscirono due paramedici vestiti con gli *hazmat suit*.

«Sai» proseguì, «non ho neppure buttato via gli abiti che indossavo il giorno in cui si è ammazzato. Sono ancora in una busta di plastica tutti sporchi di sangue. Non credo che riuscirò mai a farlo, c'è ancora una parte di lui su quei vestiti.»

«Mi dispiace che tu abbia dovuto vivere tutto questo» replicai, ma avrei voluto dirle altro. Quello che pensavo veramente era che lo scrittore era stato molto egoista ad andarsene in quel modo.

«Lo scrittore mi voleva bene» mi disse, quasi intuendo i miei pensieri. «In un certo senso mi aiuta pensare che l'abbia fatto anche per me, perché la smettessi di accudirlo e cominciassi a vivere una vita mia, dopo tutti questi anni in cui mi sono occupata di lui.»

«Tu lo difendi sempre» risposi spazientita, «lui non ti meritava.»

«Vedi, Alma, forse tu pensi che la storia con lo scrittore non ti abbia lasciato nulla ma non è così. Inconsapevolmente lui ti ha dato quello che ti serviva in quel momento. Senza rendersene conto ti ha aiutato a sopravvivere. Le persone ti danno quello che possono, è inutile chiedere di più, e anche quando pensi di non aver ricevuto nulla, ti rendi conto che in qualche modo ti hanno cambiato la vita.»

Lola allora strinse la cintura del cappotto e si aggiustò la mascherina.

«Sta calando il sole» disse, «è meglio che tu vada.»

In quel momento i paramedici uscirono dal palazzo in fondo alla strada spingendo una barella, poi l'ambulanza ripartì a sirene spiegate.

*

Anche il giorno in cui l'agenzia funebre le aveva consegnato le ceneri dello scrittore, Lola e io eravamo insieme a casa sua. Lola mi aveva chiesto di tenerle compagnia, non se la sentiva di rimanere sola. Torno spesso con la mente a quel pomeriggio. Parlavamo del più e del meno come se nulla fosse accaduto e nulla dovesse accadere, ma io ero preoccupata. Ogni tanto, con la coda dell'occhio, guardavo la porta della camera dello scrittore in fondo al corridoio, sembrava che dovesse aprirsi da un momento all'altro. Mi aspettavo di vederlo arrivare con gli occhi cerchiati e la camicia macchiata di inchiostro – scriveva sempre tutto a mano.

Avevo passato molte serate allegre in quella casa. Quando lo scrittore era di buon umore, Lola cercava il più possibile di farlo stare in compagnia. Invitava poeti, musicisti, artisti emergenti – fra gli ospiti c'era sempre qualcuno felice di accompagnare i suoi passi di danza al pianoforte. Una volta, mentre eravamo seduti in terrazza e Lola intratteneva gli invitati con i suoi racconti, lo scrittore si era alzato.

«Ho finito i sigari» aveva detto, «vado a prenderli in camera.» Poi con un cenno del capo che conoscevo fin troppo bene mi aveva chiesto di alzarmi e raggiungerlo dentro. Avevo scosso la testa per dire che non potevamo, ma lui continuava a insistere con gli occhi.

Un attimo dopo aveva lasciato il gruppo di amici intorno alla tavola ed era entrato in casa.

Avevo fatto passare qualche minuto e mi ero alzata.

«Tutto bene?» aveva chiesto Lola.

«Devo telefonare ai miei figli» avevo risposto senza sollevare lo sguardo.

Ero entrata in bagno e mi ero chiusa dentro, lo scrittore mi aveva raggiunto subito dopo. Dalla finestra del bagno giungeva leggera la voce di Lola – mi sforzavo di non ascoltarla. A quel tempo agivo con superficialità e sconsideratezza, come se non mi importasse di nulla, ma non era così. Lo scrittore voleva convincermi che Lola sapesse e non ne soffrisse ma questo non mi impediva di sentirmi in colpa.

L'amicizia con Lola era cresciuta in quei primi mesi e spesso, quando andavo a trovarla, speravo che lo scrittore non fosse in casa per passare del tempo da sola con lei. Le parlavo di mio marito e dei miei figli, degli avvocati divorzisti – in poche settimane avevamo speso quasi cinquantamila dollari per le pratiche legali. Bruciavo di rabbia, soffrivo di insonnia, continuavo a scendere di peso e a perdere capelli. Alternavo stati di collera a momenti di rassegnazione.

«Si è lamentato con il suo avvocato perché non l'ho

consultato prima di prendere un cane ai ragazzi. E lui mi ha consultata prima di affittare un appartamento all'amante?»

Lola ascoltava paziente. «Piangi» diceva prendendomi il viso tra le mani, «non trattenere nulla.»

Una sera che lo scrittore doveva recarsi alla New-York Historical Society, Lola mi aveva invitata a casa sua – da qualche tempo ripeteva che voleva insegnarmi il tango.

«Metti queste» aveva detto indicando un paio di scarpette rosse piuttosto malandate. «Dovrebbero entrarti... sono vecchie ma comode e vanno bene per i piedi inesperti.»

«Perdi tempo con me, non imparerò mai, non sono coordinata e credo di avere i piedi storti.»

«Non dire sciocchezze, ho insegnato a ballare a mezza città e certo non mi lascio spaventare dai piedi storti.»

«Come vuoi, ma poi non dire che non ti avevo avvertita.»

A quel punto, Lola si era infilata le scarpe, si era alzata e aveva iniziato a fissarmi.

«Perché mi guardi così?» avevo chiesto confusa.

«È la *mirada*, lo sguardo che fa l'uomo alla dama che vuole invitare a ballare.»

Ero scoppiata a ridere – non riuscivo a prenderla sul serio, saremo state una coppia ridicola. Visto che non mi decidevo, Lola si era avvicinata al divano e mi aveva condotto per mano al centro della stanza. Il sole tramontava sui grattacieli della città tingendole i capelli di riflessi ramati. Lola indossava una camicia di seta verde-azzurro, aperta fino al terzo bottone, senza reggiseno. Era bellissima.

In casa c'era un vecchio giradischi che era appartenuto alla madre dello scrittore. Tra tutti gli album, Lola aveva scelto un brano di *Tango Nuevo*.

«La melodia si intitola *Otra Luna*» aveva detto avvicinando il suo petto al mio. «Ora, Alma, non pensare a niente, non guardarti i piedi, non guardare me. Chiudi gli occhi, devi solo sentire la spinta del mio cuore: c'è un filo invisibile che lega il tuo cuore al mio.»

Pensavo che quello che diceva non avesse senso, come avrei potuto imparare i passi tenendo gli occhi chiusi? E poi come facevo a sentire la spinta del cuore? Di che spinta parlava esattamente? Ero confusa e imbarazzata e non mi piacevano quei sentimentalismi. Poi la musica era partita e qualcosa di inaspettato era accaduto. Quando Lola aveva mosso i primi passi, prima avanti e indietro e poi lateralmente, mi ero accorta che i miei piedi la seguivano senza che io chiedessi loro di farlo. Per ragioni che mi è difficile spiegare, il mio corpo aveva smesso di ascoltare me e dialogava solo con lei. I suoi piedi accarezzavano il pavimento disegnando linee e figure che non potevo vedere ma che riuscivo in qualche modo a immaginare: stavamo ballando.

Una piccola luna sorgeva sul fiume, illuminando fievolmente la stanza. Non mi era mai sembrata così bella la luna, era davvero un'altra luna. Avevamo ballato lo stesso brano molte volte finché non si era fatto buio. Eravamo rimaste abbracciate anche quando la musica era finita.

«Vuoi che accenda la luce?» mi aveva chiesto.

«No, restiamo così. Al buio riesco a sentire meglio il tuo cuore.»

*

Il proprietario dell'agenzia funebre entrò in casa con un plico di fogli da firmare. Lo seguiva un ragazzo molto giovane, poco più che adolescente – credo fosse suo figlio. Il ragazzo teneva in braccio una cassetta quadrata di legno grezzo, piuttosto grande.

«Posso darla a lei? Ecco, la può sollevare da qui» disse indicandomi la maniglia di ferro sul coperchio.

Quando Lola ebbe finito di firmare i documenti, il proprietario dell'agenzia le fece le condoglianze.

«Era un grande uomo lo scrittore, non verrà dimenticato» disse stringendole la mano. Poi raccolse le carte e uscì. Il ragazzo invece rimase sulla porta ad aspettare la mancia. Presi un biglietto da venti dollari e glielo misi in mano – avrei voluto che si fermassero di più. Quando restammo sole, Lola appoggiò la cassetta sul pavimento e fece per aprirla ma le mancò la forza – era arrivato il momento che avevo temuto per tutto il pomeriggio. Si accasciò sul coperchio e cominciò a urlare: lunghe grida di strazio che non avevo mai sentito prima. L'abbracciai, provai a consolarla, ma non riuscii a calmarla, ero sconvolta anch'io. Pensai allora che avesse bisogno di sfogarsi e la lasciai piangere. Dopo qualche minuto, sfinita dal dolore, smise di urlare.

Rimanemmo a lungo sedute sul pavimento, Lola ad accarezzare la cassetta e io ad accarezzare lei.

«Te la senti ancora di disperdere le ceneri?»

«Sì» rispose asciugandosi il viso, «voglio liberarlo, restituirlo alla terra.»

Ci infilammo le giacche e gli stivali da neve e uscimmo. Camminammo a lungo nel freddo. Avevo male ai piedi e tremavo sotto la giacca – nonostante indossassi dei guanti pesanti, non riuscivo più a sentire la mano che teneva la cassetta. A Lola invece il freddo fece bene, sembrava riuscisse ad anestetizzare il dolore. Arrivammo nei pressi del fiume che il sole tramontava, il cielo era un grosso livido violaceo. Camminammo nel parco quasi al buio finché non raggiungemmo il grande tiglio sulla Promenade. Il vento, salendo dal fiume, scuoteva i rami venosi dell'albero.

«Ecco» disse, «questo è il posto.»

Aprì la cassetta ed estrasse l'urna. Sollevò il coperchio circolare e raccolse le ceneri nel pugno.

«È sul corpo dei morti che crescono le radici dei vivi» sussurrò. Poi schiuse il palmo della mano e lasciò che il vento spargesse le ceneri sulla terra ghiacciata. La guardavo in silenzio senza trovare il coraggio di avvicinarmi, sembrava sapesse esattamente cosa fare. Dopo aver disperso parte delle ceneri sul terreno, Lola raggiunse la balaustra di ferro che correva lungo il fiume. Capovolse l'urna e versò il resto del contenuto nell'acqua. Il fiume quel giorno si muoveva rapido e scomposto verso il mare, sembrava avesse fretta di giungere alla foce.

«Fai buon viaggio» disse toccandosi le labbra come per mandare un bacio.

Lola credeva che, seguendo il flusso delle maree, le ceneri dello scrittore sarebbero riuscite a ritrovare la strada di casa. Trascinate dalla forza delle correnti, avrebbero attraversato Paesi e oltrepassato confini navigando verso sud, lungo rotte millenarie. Ed è così che voglio ricordare lo scrittore oggi, in viaggio verso la sua terra, un viaggio che ha in sé la promessa del ritorno.

*

*Scrittore*

Gli ultimi giorni furono terribili. Pensavo di continuo alla mia morte. Di notte sognavo un plotone di esecuzione come quello che si trovò di fronte Aureliano Buendía in *Cent'anni di solitudine*, con la differenza che ero io a imbracciare gli otto fucili che mi puntavano contro. Potevo già sentire le ferite: avevo di continuo fitte al petto e alla schiena, dolori mai sentiti prima. È davvero così naturale morire?

Avevo la morte negli occhi in ogni momento e per questo cercavo, per quanto potevo, di evitare lo sguardo di Lola, temevo che mi scoprisse. In quei giorni desideravo costantemente morire ma avevo ancora tutte le preoccupazioni dei vivi: avevo fame e sete, andavo regolarmente di corpo, un paio di mattine mi svegliai persino con un'erezione. Mi sembrava di avere la testa di un morto sopra il corpo di un vivo. Una volta sognai di essere già sottoterra e non mi piacque affatto. Sentivo di non avere trovato pace, avevo esattamente gli stessi tormenti di quando ero vivo. Che ero morto a fare, allora? Era stata una farsa e io li avevo scoperti: da morti si è in pena come da vivi. Per fortuna mi accorsi che stavo sognando.

In quei giorni, mi capitò di avere dei ripensamenti. Continuavo a ripetermi: niente ha importanza, mi uccido perché non esisto, mi ribello alla nullità del mondo, ma poi guardavo Lola, era ancora così bella. Cercavo di convincermi che lasciandola l'avrei liberata, che finalmente sarebbe tornata a vivere – le avevo dato solo dispiaceri. Ma chi pensavo di ingannare? Non era per lei che volevo morire. Era solo a me che pensavo, era solo per me che morivo. Eppure, ancora non mi decidevo. Non avevo cambiato idea, sapevo quello che dovevo fare ma continuavo a rimandare: domani no, il giorno dopo forse, magari subito dopo l'inizio dell'anno, e se aspettassi invece il Capodanno cinese? Alla fine, mi decisi e fissai per il 15 gennaio il termine ultimo entro il quale morire.

In quei giorni, trovavo che gli oggetti di casa mia avessero un'aria strana. Sembrava che avessero capito tutto, che aspettassero da un momento all'altro il mio congedo. Il bozzetto, per esempio, quello di Abu Ghraib, la prigione dove gli americani torturavano gli iracheni, quello che anni prima mi aveva regalato Fernando Botero, sembrava che mi guardasse. Non l'ho immaginato, era proprio così. Quel palmo aperto, quelle dita grassocce rivolte verso l'alto, quel polso sanguinante stretto da una corda che pare un cappio, ecco proprio loro continuavano a fissarmi. Sembravano dire: "Non vorrai mica andartene senza salutare? E a Lola non lo dici? Te ne vai come i vigliacchi, come quelli che scappano senza affrontare la moglie?". "Silenzio" rispondevo, "pensate forse di potermi torturare solo perché avete provato sulla vostra pelle la tortura?" Ma loro continuavano: "Vigliacco, vigliacco, dicevano, vergognati!". Solo il giorno prima della data fissata rimasero in silenzio. "Non ditelo a Lola" li supplicai, e loro annuirono. Rimasero muti per il resto del tempo, come parenti al capezzale di un moribondo.

In quegli ultimi giorni mi tornò in mente tutta la mia vita, mi sembrò persino di ricordare la mia nascita. Ripensai all'*hacienda*, al rapimento e alle torture, alla piccola fama che mi aveva dato il primo libro, a mia madre che era venuta a trovarmi a New York, ad Amparo che non ha mai saputo chi fossi diventato, al sapore zuccheroso delle sue mammelle. Pensai a Lola, alla prima volta che avevamo fatto l'amore e all'ultima, due giorni prima di morire. Era passato così tanto tempo da quando eravamo stati insieme che mi sembrò fosse bello come il primo giorno. Lei non mi chiese nulla, né parve sorpresa. Mi accolse nel suo letto e mi amò in silenzio. Sembrava felice.

Dopo quella notte sopraggiunse una calma inaspettata. Avevo lasciato il mondo, non tenevo più a niente. Solo il corpo ogni tanto si ribellava: sudava, tremava da solo, mi spediva in bagno con violente scariche di diarrea. Mi sembrò che si stesse finalmente liberando di sé. Provai sollievo.

Stava cambiando il tempo, i venti del Nor'easter soffiavano gelidi sulla bruma del mare. Era ora di andare.

No, non aspettatevi dettagli su quel che accadde quel giorno, non ce ne saranno, non ve ne darò.

Un essere umano ha diritto di morire senza che nessuno assista.

*

*Lola*

Dopo il suicidio dello scrittore mi convinsi che non mi era rimasto molto tempo da vivere – sentivo la sua morte tirarmi per la mano. Era una sensazione misteriosa ma costante, la stessa che avevo provato prima che lo scrittore morisse. In fondo, una parte di me sapeva cosa avesse intenzione di fare: senza rendermene conto avevo cominciato a pensare a lui come a un morto. Il grande vantaggio di essere morti è che si vede la propria vita con chiarezza. I morti non hanno bisogno di raccontarsi bugie per sopportare il dolore di esistere, non hanno un pregiudizio positivo sulla vita, non pensano che il domani sarà migliore dell'oggi.

Nei giorni prima del rimpatrio era agli occhi dello scrittore che pensavo, ai suoi occhi spalancati dopo che si era sparato. E insieme ai suoi me ne vennero in mente anche altri: quelli del vicesindaco, ammazzato sotto le finestre della nostra scuola quando ero bambina; quelli del parroco morto perché comunista, di cui mi aveva parlato Gustavo; quelli del padre dello scrittore, furenti e increduli, dopo che gli avevo sparato; e gli occhi di mia madre che prima di morire non vedevano più. Gli occhi dei morti mi hanno sempre fatto molta paura. L'ultima cosa che hanno visto i miei occhi prima di morire è stato il cielo del mio

Paese, e appena prima gli occhi di Gustavo che mi scuoteva, chiamandomi per nome, mentre i sicari si avvicinavano con il mitra per ucciderlo.

Erano belli gli occhi di Gustavo, due bandiere di seta nera, due giardini di fronde inquiete. Li avevo cercati, appena uscita dall'aeroporto, tra il gruppetto di gente riunita lì fuori – per la verità solo qualche autista in attesa dei pochi passeggeri che sbarcavano. Il Paese era chiuso per il virus.

Appena mi vide, Gustavo abbassò la mascherina e sorrise. Mi salutò venendomi incontro a braccia aperte.

«È pericoloso» gli dissi, «c'erano alcuni clandestini dei centri di detenzione sul mio volo… qualcuno tossiva.»

«Non ti vedo da tre decenni e non posso neppure abbracciarti?»

Mi strinse a sé.

Gustavo era ingrigito e aveva perso molti capelli sulle tempie e dietro la nuca ma era rimasto l'uomo di un tempo, quello a cui forse non avevo saputo voler bene come meritava. Mi tolse la sacca da viaggio dalle mani e aprì lo sportello della macchina.

«Ascolti ancora Gardel?» gli chiesi quando mise in moto.

«Tutte le volte che penso a tua madre» rispose.

«Vorrei andare all'*hacienda* e portare dei fiori sulla sua tomba.»

«Ci andremo insieme appena finisci la quarantena. Ci sono andato spesso in questi anni, non ho lasciato che le erbacce crescessero intorno. I nuovi proprietari sono brave persone, ti piaceranno.»

«E *Doña* Frieda?»

«Ti aspetta a casa. Ti ha preso un appuntamento telefonico con un avvocato oggi stesso, vedrai che sarai in grado di spiegare tutto.»

«Non lo so, Gustavo. A volte mi chiedo se sia stata davvero io a ucciderlo o il caso... e poi mi domando: che parte ho avuto in tutto questo? Che parte ho avuto nella storia della mia vita?»

«*Hija, Doña* Frieda testimonierà in tuo favore, è stata legittima difesa, non ti incrimineranno. I tempi sono cambiati, inizierai una nuova vita qui.»

«Mi chiedo se esista un luogo nella mia vita dove non ci siano solo lotte e guerre ad attendermi.»

«Vedrai, questa volta sarà diverso, io non ti lascerò più sola... e tu vivrai serena e tornerai a scrivere.»

«Sì, voglio tornare ai libri e alla letteratura, ne ho bisogno, ne sento la mancanza.»

«La *señora* ieri mi ha detto che vuole ci sia anche il tuo nome sui libri del figlio, dice che appartengono più a te che a lui.»

«Del nome sui libri non mi è mai importato nulla, ma sono contenta di avervi accanto, di sentirvi vicini.»

Era questo che ci dicevamo sulla strada che dall'aeroporto porta in città. Gardel cantava *Por una Cabeza*, come quando ero bambina. Gustavo tamburellava le dita sul volante e canticchiava qualche parola: "*Si ella me olvida que importa perderme*" – sembrava commosso. Immaginai per un momento che in macchina con noi ci fossero anche mia madre e lo scrittore, che fosse sabato pomeriggio e stessimo andando al cinema in città.

«Chissà quando riaprirà il cinema del Museo di Arte Moderna... vorrei vedere ancora *King Kong*, il film della mia infanzia.»

I killer si avvicinarono alla nostra macchina con la motocicletta, crivellarono di colpi il finestrino: io fui colpita per prima ma era Gustavo il bersaglio.

"Lola Parra è una vittima collaterale, era il guerrigliero che volevano ammazzare" scrissero la mattina dopo i quotidiani locali. Alma invece pubblicò un lungo editoriale sul suo giornale: accusò gli Stati Uniti di deportare gli immigrati illegali senza preoccuparsi del pericolo che corrono nel Paese d'origine.

Gustavo sbandò ma riprese il controllo e riuscì ad accostare la macchina. Mi scosse più volte, chiamandomi per nome. La testa ciondolò da un lato e fu così che i miei occhi guardarono in alto, al di là dei vetri infranti, verso il cielo azzurro. Non ricordavo che fosse così bello il cielo del mio Paese, il cielo dell'altra America.

# VI

# L'ULTIMA AMERICANA

*Alma*

È la mia storia che volete ascoltare ora, non è così? Dopo Lola e lo scrittore è arrivato il mio turno, sono io l'ultima americana. Eccomi, salgo sul palco, con la mano riparo gli occhi dalle luci, aggiusto l'asticella del microfono. La mia storia è più lunga dei cinque minuti previsti dal regolamento – non so di preciso quanto durerà, non mi sono esercitata a raccontarla di fronte allo specchio, non sono sicura che abbia un inizio certo, né che contenga una risoluzione. Forse alcune storie non dovrebbero mai risolversi.

È di mio marito che volete sapere? Lo chiedo perché un giorno, poco dopo l'inizio del lockdown, Lola mi telefonò per dirmi che aveva cercato il mio nome su internet, e sotto la voce "Alma Arditi scrittrice" aveva trovato quella "Alma Arditi marito" – e questo era prima che il giornale con il quale collaboro pubblicasse l'intervista sul mio inizio letterario.

«I lettori avranno pensato che il marito di cui parlavi nel primo romanzo fosse il tuo, che quella storia fosse frutto di un vissuto personale. Credo sia per questo che cercano notizie su di voi, avranno pensato che la storia fosse troppo realistica perché tu l'avessi immaginata. Lascia pure che credano ciò che vogliono: il lettore pensa che la storia sia vera perché oggi molti scrittori raccontano il proprio vissuto – reale o fittizio. E non sono molti gli autori che immaginano realtà lontane dalla propria. Sembra che la regola sia: se non è accaduto veramente, almeno in parte, non c'è autenticità e quindi non c'è valore, soprattutto commerciale. Ma chi non immagina, Alma, finisce per scrivere sempre lo stesso libro, era questo che negli ultimi anni rimproveravo allo scrittore.»

Lo dico fin da ora, del matrimonio non voglio parlare. Se anche voi pensate che la storia raccontata nel mio primo romanzo sia la mia, allora non c'è nulla da aggiungere, sapete già tutto. Non voglio parlare del rapporto tra mio marito e sua madre, non voglio parlare degli eventi e delle persone che lo spinsero a lasciarmi. Forse vi parlerò di quando voleva tornare da me, ma non ora, non subito.

Voglio tornare indietro a qualcosa che è accaduto molto tempo fa, un fatto che per tanti anni ho tenuto nascosto a me stessa. È Lola che mi ha spinto a ricordare e a scriverne.

*

Un giorno eravamo sulla terrazza a casa di Lola, credo fosse poco prima del suo arresto.

«Ora sai molte cose di me e degli anni dell'*hacienda*» mi disse lei all'improvviso, «io invece so ancora pochissimo della tua vita prima di venire qui. Quale è la tua storia, Alma? Dove comincia? Le storie non cominciano mai a New York.»

«È una storia stupida, come lo sono quasi tutte le storie» risposi in fretta, presa alla sprovvista. «Se la guardo da lontano riesco quasi a capirla, ma quando mi avvicino tutto schizza via.»

«Racconta» mi esortò lei toccandomi una spalla.

«È una storia ordinaria, come tante, non è interessante e travagliata come la tua o quella dello scrittore.»

Lola mi guardò e poi scosse la testa.

«Non ci sono storie ordinarie, Alma, e tutto quello che non si racconta ci consuma dentro. Le storie non raccontate fanno male come fossero appena accadute.»

Ed eccomi, allora. Non racconterò tutto, non adesso, non in questo libro. Sono sfinita, ho esaurito le forze, ho bisogno di riposare. Ma di un episodio voglio parlare. Non lo faccio certo per intrattenervi. Lo faccio per me, perché è prima di tutto per me che scrivo, è a me che racconto. Il vero mistero della mia vita sono io.

Mi tornano in mente ora le parole dello scrittore un giorno che gli chiesi a cosa servisse la scrittura.

«A nulla» rispose lui, «la maggior parte degli scrittori viene dimenticata dopo la morte.»

«E allora perché tu scrivi?»

«Per provare a me stesso che sono esistito.»

E poi ripenso alle parole di mio marito la mattina che se ne andò: «Lascia che te lo dica, Alma, il sesso con te… forse è per quello che ti è accaduto da bambina».

Eccola, dunque, la mia storia ingiallita, consumata dal tempo, quella che odora di vissuto, di mani e di letti, di tabacco e di cucina, di scatoloni e scantinati, di valigie e di partenze. Ecco le parole ossidate, la trama scomposta, i personaggi sgranati. Eccole le molecole sfaldate della mia vita.

*

Alma: C'è una bambina sul ciglio di una strada di fronte a una scuola. Un filo di moccio lungo e lattescente le cola fin dentro la bocca. Quella sono io.

Lola: Continua.

Alma: A dire il vero, non credo di essere stata una bambina del tutto normale. Non penso di aver avuto un'infanzia normale.

Lola: Non esistono infanzie normali.

Alma: Un'infanzia di giochi e di spensieratezza, quella non l'ho avuta.

Lola: Racconta.

*

*Alma*

In quegli anni vivevamo alla periferia est della città. Non era un quartiere né una borgata come quelle che nel tempo ci erano cresciute attorno – Tor Sapienza, Torre Angela, Tor Bella Monaca – ma un grumo di case basse, spuntate a caso tra campi incolti e capannoni abbandonati, a ridosso di un canale di acque scure che chiamavamo "marana". Tutta la mia famiglia allora era impiegata nella lavorazione della carne: mio padre al macello degli ovini, mia zia e mia nonna al reparto refrigerazione, e mia madre, che era l'unica tra i parenti con un diploma di scuola superiore, alla contabilità. Questo accadeva molti anni prima che i miei genitori si mettessero in proprio, aprissero un centro carni tutto loro e la nostra vita cambiasse. Molto tempo prima che mia madre diventasse la prima imprenditrice della carne a Roma.

Solo una volta da bambina mi capitò di assistere al macello delle pecore. Quel giorno la scuola era chiusa per una disinfestazione e mia madre fu costretta a portarci al lavoro con sé. Rimanemmo seduti nel suo ufficio per tutta la mattinata finché mio fratello Antonio, sempre più irrequieto, la pregò di poter giocare almeno a pallone nel piazzale. Promettemmo di non dar fastidio e di non allontanarci troppo, ma pochi minuti dopo vagavamo senza meta tra gli edifici squadrati e fatiscenti del mattatoio. Entrammo in uno dei padiglioni in cerca di mio padre, c'era odore di sterco. Vedemmo le pecore e gli agnelli in fila sul nastro trasportatore. I più piccoli cadevano nelle fessure delle macchine – erano progettate per trasportare animali di taglia più grande. Gli agnelli rimanevano sospesi a mezz'aria, a testa in giù, belando impauriti. Alla fine del nastro li aspettava mio padre: un colpo secco alla gola e il sangue che colava scuro sugli stivali di gomma.

In quegli anni andavamo a scuola in un istituto di suore a Tor Tre Teste. I nostri genitori lavoravano fino a tardi e all'uscita veniva a prenderci una vecchia prozia. La zia era zoppa e tardava sempre ad arrivare. Attraversava la strada appoggiandosi al bastone, trascinandosi dietro la gamba malata. Vedendola arrivare, la bidella la rimproverava: «Sono sempre gli ultimi questi due, la campanella è suonata mezz'ora fa».

Scesi dall'autobus che ci riportava a casa, attraversavamo il ponticello sulla marana. Dopo la pioggia l'acqua del canale si ingrossava fino a lambire il ponte, trascinava con sé detriti di ogni genere: rottami di automobili, taniche di benzina, bidoni arrugginiti. Altre volte, invece, quando non pioveva da giorni, la marana si riduceva a un rigagnolo maleodorante lungo il quale correvano grossi topi grigi. Una volta Antonio sbandò con la bicicletta e ci cadde dentro. Mia madre dovette insaponarlo molte volte per assicurarsi che fosse completamente pulito.

Era stata la zia a occuparsi di noi quando mia madre

era tornata al lavoro, poche settimane dopo il parto. Mia madre si riteneva una persona molto istruita – diceva che al mattatoio solo lei sapeva tenere i libri contabili in ordine. Dopo il diploma in ragioneria, si era iscritta all'università, voleva studiare letteratura, le piaceva la poesia. Ma poi, a vent'anni, aveva incontrato mio padre, era rimasta incinta di Antonio e alla laurea aveva rinunciato. Continuava però a studiare ogni sera dopo cena su vecchi testi universitari che le prestava una sua cugina più giovane, iscritta a economia e commercio.

Negli anni della scuola elementare, la zia non era più in grado di accudirci. Passavamo i pomeriggi soli in casa aspettando che i nostri genitori tornassero dal lavoro. Di solito ci mettevamo alla finestra sperando di vederli parcheggiare, mentre lungo il marciapiede le prostitute accendevano falò ovunque bruciando cassette di frutta e carta di giornale. Presto si creava un piccolo traffico di camion e automobili: i clienti si fermavano, contrattavano tariffe e caricavano ragazze. Il loro vociare saliva dalla strada fino alle prime ore dell'alba.

«Quanto fai?» chiedevano.

«Diecimila di bocca e ventimila d'amore» rispondevano loro. E poi era tutto un aprirsi e chiudersi di sportelli, colpi all'acceleratore e sgommate sull'asfalto.

Era l'amore di strada che andava in scena tutte le notti sotto la mia finestra.

Quando frequentavo la quarta elementare venne a vivere nel nostro palazzo una famiglia dei Castelli Romani. Ai miei genitori non erano simpatici perché tenevano la musica ad alto volume e rientrando da fuori sporcavano l'ingresso con il fango delle scarpe. Anche i figli dei nostri vicini rimanevano a casa soli di pomeriggio. Il più grande, che tutti chiamavano "il Roscio" per via del colore dei ricci, aveva l'età di Antonio, tre anni più di me. Mentre il secondo figlio aveva più o meno la mia età.

Nei lunghi pomeriggi estivi, quando i nostri compagni di scuola erano già in villeggiatura alle case al mare, ci capitava spesso di giocare con loro. Poiché la scuola era chiusa, mia madre chiedeva alla zia di venire a controllarci – voleva essere sicura che non combinassimo guai, e di guai ne combinavamo sempre molti. Una volta trovammo nella cassetta degli attrezzi di mio padre alcuni petardi che erano avanzati dalla sera di Capodanno. Antonio e il Roscio li fecero scoppiare accendendoli in balcone e buttandoli nel giardino sottostante. Smisero solo quando la signora al pian terreno telefonò a mia madre al mattatoio per dirle che i petardi avevano incendiato alcune erbacce già arse dal sole.

Rincasarono di lì a poco i miei genitori. Mio padre era furente – odorava sempre un po' di bestia quando rientrava, quella sera in particolar modo. Appena entrato si sfilò la cintura dei pantaloni e colpì Antonio sulle gambe e sul sedere. Batté anche me solo perché gli stavo accanto. I suoi colpi non ci lasciavano scampo: belavamo come gli agnelli sul nastro trasportatore. Dopo quel giorno, ci venne proibito di giocare ancora con loro.

I pomeriggi d'estate erano lenti e noiosi. La casa era arroventata dal caldo. Tenevamo le finestre e le persiane chiuse per evitare che il vento soffocante entrasse da fuori. In quei mesi, il canale si riempiva di zanzare. Il frinire ritmico delle cicale ci tormentava nelle ore della canicola. La zia veniva a trovarci verso mezzogiorno per prepararci il pranzo, quasi sempre un piatto di pasta con qualche pezzo di carne che mio padre portava dal mattatoio – non credo di aver mangiato verdure fino agli anni dell'università. La compagnia dei nostri vicini ci mancava molto. Mio fratello mi convinse che nessuno ci avrebbe scoperti se, per qualche ora nel pomeriggio, fossimo scesi a giocare con loro.

A casa dei vicini c'era un videoregistratore, un oggetto che mio fratello e io non avevamo ancora mai visto, e un computer, un Commodore VIC-20 per giocare ai videogames. Il Roscio disse che certi loro parenti erano andati a lavorare in Germania e gli avevano lasciato quelle cose. Del computer non mi importava molto, era il videoregistratore ad affascinarmi. Il padre dei vicini aveva comprato la videocassetta de *Il ritorno dello Jedi* e fu quello il film che guardai per gran parte di quell'estate del 1987. Dopo il film giocavamo sempre a Guerre Stellari. Antonio era Luke Skywalker e io la principessa Leila. Ai vicini piaceva fare la parte dei cattivi.

C'erano anche altre videocassette a casa loro. Il padre le teneva nascoste nell'armadio in camera sua. Fu suo figlio a mostrarcele: *Gola profonda, Sesso Nero, Telefono rosso,* titoli di film che non avevo mai sentito prima. Lui si vantò di averli già visti tutti. «Cose da non credere» diceva. È così che a nove anni guardai per la prima volta un film porno per intero.

Non so bene quando cominciò ma, a un certo punto in quei giorni d'estate, il Roscio disse che era stanco di fare sempre gli stessi giochi, voleva che giocassimo anche agli altri film che guardavamo insieme a casa loro.

«Alma potrebbe fare la parte della femmina» disse ad Antonio.

«Non se ne parla» rispose mio fratello, «Alma la femmina non la sa fare.»

Ricordo che quel giorno faceva caldo e sudavo. Dal canale saliva l'alito putrido dell'acqua, una zanzara mi ronzava attorno all'orecchio. Antonio era nella stanza accanto, giocava ai videogiochi con il fratello del Roscio. A un certo punto, credo di essermi addormentata. Rivivevo nel sonno alcune scene di quei film: rivedevo quei corpi, quelle donne, sentivo i loro mugolii convulsi. Mi svegliò all'improvviso un dolore tra le gambe, un bruciore che non avevo mai sentito prima. Aprendo gli occhi, vidi la testa del vicino, la luce che filtrava dalle imposte gli illuminava la corniola rosso-bruna dei ricci. Il Roscio aveva abbassato i miei pantaloncini fino alle caviglie e spingeva dentro con le dita – stava replicando una scena del film che avevamo visto il giorno prima.

Fu in quel momento che arrivò la zia. Era passata a trovarci una seconda volta quel giorno, aveva dimenticato gli occhiali in cucina. Non avendoci trovati in casa, era scesa al piano di sotto. La porta dei vicini era rimasta aperta e la zia aveva riconosciuto la voce di Antonio che giocava al computer, «Ho vinto io» gridava. Entrando in salotto, ci aveva visti sul divano. Non ricordo esattamente cosa disse, solo il bastone che batteva sulla schiena del vicino e la sua mano che mi trascinava via. Antonio non si accorse di nulla.

Più tardi, a casa, la zia minacciò che lo avrebbe raccontato a mia madre. Disse che il sesso era una cosa sporca, che era peccato, che facevo piangere la Madonna. Nei giorni seguenti, pensavo che mia madre mi rimproverasse per quello che era accaduto. Ero sicura che mio padre mi avrebbe battuto con la cinghia dei pantaloni. Ma nessuno mi rimproverò, non ci furono punizioni, nessuno mi spiegò nulla. Mia madre non rientrò prima dal lavoro, la zia non ci fece visita più spesso. Il Roscio provò ancora molte volte a darmi fastidio – quando mi incontrava da sola per le scale gli veniva fin troppo facile – finché l'anno dopo la sua famiglia si trasferì.

*

Alma: Ti ho detto che era una storia stupida, senza importanza. Eravamo dei bambini, non è nulla di paragonabile a quello che è accaduto a te.

Lola: Se è una storia senza importanza perché ti trema la voce?

Alma: È il polline che mi irrita la gola.

Lola: Il fatto che eravate bambini non cancella la gravità di quello che è accaduto. Erano molestie. Ti hanno provocato confusione, vergogna.

Alma: Non è stato così grave, non voglio incolpare nessuno.

Lola: Ti sbagli. Quello che è accaduto a te, e in circostanze diverse a me, è quello che accade a tutte le bambine lasciate sole, quelle di cui nessuno si occupa, quelle che nessuno vede. Se io avessi avuto un padre, non avrei mai cercato nel *señor* la figura paterna che mi era mancata e lui non mi avrebbe mai toccata.

Alma: I miei genitori lavoravano, Lola. Che altro potevano fare? Mia madre ha costruito un'azienda dal nulla, studiando di notte e facendo conti di giorno. Se ho potuto frequentare l'università lo devo solo a lei. E se non fosse stato per l'esempio di mia madre, non sarei mai diventata una scrittrice. La disciplina l'ho imparata da lei.

Lola: Non lo nego, ma non puoi fingere che quello che ti è accaduto non abbia lasciato un segno.

[*Squilla il telefono. È mio marito, non rispondo.*]

Alma: Ci pensavo proprio l'altro giorno, quando Nanda mi ha chiesto perché non avessi mai avuto un ufficio mio. Forse l'aver lavorato sempre da casa in questi anni, prima come editorialista e poi come scrittrice... ecco, forse avevo paura che qualcosa di simile potesse accadere anche ai miei figli. Per questo non li ho mai lasciati soli.

Lola: Chi ti chiama?

Alma: Mio marito ma non ho voglia di parlargli.

Lola: Tuo marito lo sapeva?

Alma: Sì, glielo avevo raccontato una volta che un ragazzino più grande si era avvicinato un po' troppo a Nanda al mare. Le aveva cinto la vita con le mani sollevandola dall'acqua e io mi ero innervosita. Gli avevo gridato dalla riva di lasciarla andare. Quella sera mio marito mi aveva chiesto cosa mi fosse preso e io gli avevo raccontato cosa mi era accaduto da bambina.

Lola: Mi dispiace, Alma... ma perché ha tirato fuori la storia delle molestie il giorno in cui ti ha lasciata?

Alma: Si lamentava del sesso con me, diceva che non riuscivo mai veramente a lasciarmi andare. E forse aveva ragione... il mio rapporto con il sesso è cambiato solo quando lui se n'è andato e ho incontrato lo scrittore. È stato allora che ho cominciato a occuparmi del mio piacere e ho smesso di sentirmi in colpa. Non è curioso che anche la mia carriera letteraria sia iniziata solo quando il matrimonio è finito?

Lola: Il più grande spreco della storia dell'umanità, Alma, è lo spreco del talento delle donne. A volte la colpa non è neppure della persona con cui stiamo, ma nostra. Per occuparci degli altri, ci dimentichiamo di occuparci di noi.

[*Rimaniamo in silenzio. Comincia a piovere ed entriamo in casa. Lola prepara il tè. Ci sediamo distanti, con la mascherina ben aderente al volto. Lasciamo la porta-finestra aperta e ascoltiamo la pioggia picchiare sul vecchio tavolo della terrazza.*]

Alma: E tu come hai fatto a fidarti di nuovo delle persone dopo quello che ti è accaduto?

Lola: Grazie a Gustavo. Qualche settimana dopo l'inizio delle violenze del padrone, Gustavo si accorse che c'era qualcosa di diverso nel mio comportamento. Mi chiedeva spesso perché fossi taciturna e di cattivo umore e perché rifiutassi la compagnia dello scrittore. Io non rispondevo, ero scostante, lo trattavo male. Ne parlò anche con mia madre. Lei credeva che fossi risentita perché mi costringeva a dormire nella stanza del cucito – pensava di controllarmi meglio allontanandomi dallo scrittore, invece mi aveva resa più sola.

In quei giorni, mia madre aveva saputo da Clara che Gustavo voleva lasciare l'*hacienda*. «Non sono felice qui, Amparo, non sono utile a nessuno» le aveva detto. Mia madre non la prese bene, viveva sempre molto male gli abbandoni, ma non gli chiese mai di rimanere. Da qualche tempo, aveva incominciato a portarsi in camera la bottiglia di *aguardiente*. La sera non riusciva più a dormire senza.

Un pomeriggio mi trovavo nella stalla per tenere compagnia a una delle cavalle che stava per partorire. Guardavo la sagoma del puledro che si muoveva pulsando sotto la pelle tesa del ventre. Gli ripetevo che sarebbe stato meglio rimanere lì dentro, al sicuro, ma il puledro aveva voglia di nascere. Era già scesa la sera e i dipendenti erano tornati a casa alla fine della giornata di lavoro. A un tratto entrò il padrone – credo sapesse che mi trovavo lì. Si avvicinò con il frustino e io indietreggiai. Mi afferrò per i capelli e cercò di infilarmi una mano sotto la gonna. È stato in quel momento che è arrivato Gustavo.

«Lasci stare la bambina» disse tirando fuori la pistola dalla giacca.

Il *señor* alzò le mani e gli urlò di mettere via l'arma.

«Vai a casa, Lola» mi ordinò e poi aggiunse rivolgendosi al padrone: «Se la bambina mi dice ancora che le dà fastidio non ci penserò due volte a sparare».

Tre giorni dopo Gustavo lasciò l'*hacienda*. In paese si diceva che fosse tornato nella giungla dai guerriglieri. Qualcuno mise in giro la voce che era un uomo pericoloso, dal passato terribile. Il padre dello scrittore smise la notte stessa di venire in camera mia e il mese successivo portò sua moglie e suo figlio a vivere in città. Non lo rividi per molti anni.

È stato grazie a Gustavo se sono riuscita a fidarmi ancora.

*

*Alma*

La prima notte fu la più difficile. Dopo che mio marito andò via di casa, misi a letto i miei figli – vollero dormire in camera mia quella sera e quelle che seguirono – andai in salotto e accesi la televisione. Cercai un film che avevo visto molti anni prima, *Una voce umana*, un'opera teatrale scritta da Jean Cocteau negli anni Trenta e diretta da Roberto Rossellini nel film *L'amore*.

"Ho fatto le tue valigie" dice Anna Magnani al telefono all'uomo che l'ha lasciata, "sono molto forte, ho molto coraggio. Nemmeno io avrei mai pensato di essere così forte… un mostro tu? Ma no, caro, ma no, non ho il minimo rimprovero da farti… io avrei trovato criminale che tu mi avessi lasciata all'oscuro di tutto fino all'ultimo momento, allora il colpo sarebbe stato troppo forte, ma così, vedi, ho avuto il tempo di abituarmi, di comprendere… quale commedia? Ti sembra che io abbia la voce di una persona che nasconda qualche cosa?"

Lo sapeva Anna Magnani allora che Roberto Rossellini l'avrebbe lasciata subito dopo quel film? E io, mentre scrivevo il mio primo romanzo e raccontavo la crisi di un matrimonio, lo sapevo che anche il mio sarebbe finito? Ho forse scritto il mio futuro, come la Magnani ha recitato il suo, come se non esistesse confine tra realtà e finzione?

La notte che mio marito andò via di casa non riuscii a dormire neppure un minuto. A un certo punto, sfinita dai miei pensieri, immaginai di scendere scalza al fiume, di salire sulla balaustra di ferro e di lasciarmi cadere nell'acqua che è gelida e vorticosa anche d'estate – in fondo mi era stato dato il nome di una poetessa suicida – ma non lo feci. Guardai i miei figli che dormivano sdraiati al mio fianco: le teste vicine quasi a sfiorarsi, la mano di Nanda sulla pancia nuda di Teo. E rimasi lì stesa ad aspettare l'alba, che dopo il solstizio d'estate sorge proprio sul ponte di ferro di Hell Gate. Non ero caduta nell'acqua putrida del canale della mia infanzia e non ero rimasta sospesa a mezz'aria, a testa in giù, come gli agnelli del mattatoio di mio padre – qualcuno o qualcosa, forse solo il caso, mi aveva trattenuta, salvata –, non sarei caduta neppure stavolta.

"Tutto quello che ti ho detto è falso" dice Anna Magnani nella telefonata successiva, "ieri sera ho voluto prendere una pasticca per dormire... ne ho prese dodici... pare che sia molto difficile avvelenarsi perché ci si sbaglia sempre di dose... anche se riuscirò a dormire ci sono i sogni e c'è il risveglio e poi bisogna alzarsi, mangiare, lavarsi, uscire per andar dove, dove? La nostra situazione la gente non la può capire, vedi, per la gente o ci si odia o ci si ama, quello che finisce finisce, non potresti mai spiegare certe cose... sta' tranquillo, non ci si ammazza due volte... non avrò mai il coraggio, amore... sarò forte, amore!"

"Sarò forte, amore" avrei voluto dirgli… anche la mia era una voce umana.

*

Qualche mese dopo avermi lasciata, mio marito mi chiamò al telefono per dirmi che con la nuova compagna era tutto finito. Mi disse che si era pentito quasi subito di essere andato via di casa. Quell'estate del 2017, pochi mesi prima di conoscere Lola e lo scrittore, avevo portato i ragazzi in Italia per le vacanze. Erano stati giorni difficili, i miei figli erano molto scossi e io non riuscivo a darmi pace per quello che era accaduto. Ricordo che lavoravo giorno e notte al primo romanzo, solo la scrittura sembrava darmi la forza di andare avanti. Furono mio fratello e sua moglie a prendersi cura dei miei figli quell'estate e, per la prima volta dopo tanto tempo, mi sembrò di avere finalmente lo spazio e il tempo che mi servivano per pensare a me.

Eravamo d'accordo con mio marito che nelle settimane in cui eravamo in Italia lui sarebbe andato a prendere il resto delle sue cose: i maglioni invernali, i libri di diritto, la sua collezione di monete antiche, tutti oggetti che erano rimasti in casa e che mi davano il tormento ogni volta che li guardavo. Fu lui stesso, mesi dopo, a raccontarmi cosa era accaduto in quei giorni di agosto in cui era tornato a prendere la sua roba. Mi disse che, preso dallo sconforto, aveva aperto il mio armadio e tirato fuori tutti i vestiti. Li aveva odorati uno per uno per sentire se conservassero ancora il mio profumo. Mi raccontò di aver pianto a lungo sul mio cuscino, di essersi infilato nel letto vestito e di aver passato alcune ore sdraiato lì a chiedersi cosa avesse fatto della sua vita.

Non riusciva più a spiegarsi perché se ne fosse andato. Lo aveva voluto veramente? Non gli sembrava più possibile. Mi confessò che nel momento in cui mi diceva che voleva lasciarmi, una parte di lui lo ammoniva di non farlo. Era disperato, sentiva di aver sbagliato tutto. «Ho perso mia moglie e i miei figli» continuava a ripetere stringendo le lenzuola del nostro vecchio letto.

«Ero convinto che non potessi fare nulla per rimediare, mi ero spinto troppo oltre. Avevo detto ai ragazzi che c'era un'altra donna... lo so, è stato imperdonabile, ma era lei che mi chiedeva di farlo. Anche mia madre pensava che fosse giusto dir loro la verità. Mi dispiace, ero pieno di rabbia. Mi sembrava che dovessi essere tu a pagare per tutto quello che non aveva funzionato nel nostro matrimonio... nella mia vita.»

Era questo che mio marito mi disse pochi mesi dopo essere andato via. Aggiunse anche che la nuova compagna aveva reagito molto male quando lui le aveva confessato di non essere felice e di voler tornare a casa. «Ha aperto la credenza e buttato a terra tutti i piatti. Urlava così forte che i vicini allarmati sono venuti a bussarci. A loro abbiamo raccontato che era solo un bisticcio tra fidanzati ma a lei ho dovuto promettere dei soldi per convincerla a lasciare l'appartamento che le avevo preso in affitto.»

Il pomeriggio che mi chiamò per raccontarmi queste cose, lo raggiunsi nella stanza d'albergo dove era andato a stare mentre la compagna lasciava libero l'appartamento. Lo trovai con gli occhi gonfi e la barba lunga. Non dissi una parola, lo abbracciai soltanto. Passammo il resto della sera a fare l'amore.

Quella notte, però, quando tornai a casa dai miei figli e li trovai addormentati vestiti sul mio letto, mi convinsi che andare da lui era stato un errore. La mia vita era cambiata, il mio primo romanzo stava per essere pubblicato e avevo iniziato da poco a frequentare lo scrittore. Non potevo tornare indietro e fingere che io non fossi diversa.

Fu questo che gli dissi la mattina seguente al telefono. Non volevo più divorziare – gli avvocati ci avevano fatto litigare su ogni cosa, ne avevo abbastanza di loro. Saremmo rimasti una famiglia ma non potevamo tornare insieme. Mio marito si sforzò di capire. «Non voglio metterti fretta, Alma» mi disse, «ma spero che un giorno... forse un giorno.»

Ha ragione Lola quando dice che negli anni che seguirono mio marito e io abbiamo vissuto l'eco di qualcosa che non c'era più. È vero che ho continuato a cucinare i suoi piatti preferiti. È vero che la sera, quando Teo e Nanda tornano in camera a studiare, noi ci sediamo a parlare, a volte guardiamo insieme un film. Non so dire esattamente che tipo di rapporto sia il nostro, di solito chi si separa non si comporta così, quello che finisce finisce.

All'inizio i miei figli non erano contenti che avessimo annullato le pratiche per il divorzio. Dissero che non volevano che il padre tornasse a vivere con noi. «Non è giusto che torni qui, se n'è andato, ci ha lasciati, perché continui a invitarlo a cena?» dicevano. Si rifiutavano persino di vederlo da soli e ancora oggi il rapporto con lui rimane difficile. Per me è diverso, non sento più rabbia. La tristezza invece è rimasta: mi manca la famiglia che eravamo.

Durante i mesi del lockdown a New York, dopo la morte dello scrittore e l'arresto di Lola, mio marito mi è stato molto vicino. Qualche volta, per tenermi compagnia, si è fermato a dormire sul divano. I ragazzi all'inizio hanno protestato un po' ma credo che in fondo facesse piacere anche a loro stare tutti insieme. Le scuole erano chiuse e i morti in città crescevano ogni giorno, avevamo paura.

E così, alla fine del lockdown, deve essergli sembrato naturale dirmi che voleva tornare a vivere con me. Ricordo che eravamo di nuovo in partenza per le vacanze estive in Italia. Mio padre non stava bene e i ragazzi avevano bisogno di andare via da New York.

«Torniamo insieme, Alma, sarà tutto diverso, ora.»

Mio marito e io non siamo mai tornati insieme. Tutto quello che è accaduto in questi anni – la sofferenza per la separazione, l'amicizia con Lola e lo scrittore, la loro morte terribile – mi ha profondamente cambiata. È come se un po' dell'inquietudine dello scrittore, alcune delle sue domande esistenziali, e un po' del senso di pace di Lola, della sua impermanenza, mi fossero entrati dentro e continuassero a germogliare ogni giorno. Sono diventata il viaggiatore esistenzialista e il saggio zen della storia di Nozick: in viaggio per conoscere il significato della vita, consapevole che la vita potrebbe non averne.

*

Appena finito di scrivere la storia, mandai il manoscritto all'editore del mio primo romanzo, quello che mi aveva presentato Lola. Un mese dopo ci incontrammo nel suo ufficio a Roma per parlarne.

«Vieni, Alma. Come stai? E i ragazzi? Ma non stare lì in piedi, siediti, che bello vederti! Vuoi un caffè?»

Lo preparò con la macchina a cialde e si sedette di fronte a me.

«Non ti è piaciuto, vero?» gli chiesi senza tergiversare.

«Non è questo, ma a dire il vero ho alcune perplessità e te ne vorrei parlare.» Sfogliò un taccuino di appunti che aveva di fronte. «Ecco, per esempio: ci sono molti temi in questo romanzo, ma quale è il tema principale?»

«Credo sia il significato della vita» risposi incerta – non penso mai ai romanzi per temi, né so veramente dire se ci sia nelle mie storie un tema che prevale sugli altri.

«Scusa se mi permetto, ma detta così non vuol dire nulla, tutta la letteratura si occupa del significato della vita.»

«Non saprei, allora» dissi contrariata.

L'editore avvertì il disappunto nella mia voce. Sospirò, si sistemò gli occhiali sul naso e continuò il discorso voltando pagina: «E poi devo dirti che lo scrittore, come lo racconti tu, è una figura estremamente negativa. Sarà difficile che il lettore riesca a immedesimarsi...».

«È possibile, ma non l'ho scritto perché qualcuno si identifichi.»

In quel momento entrò la sua segretaria per dirgli che l'appuntamento che aveva per cena quella sera era stato annullato.

L'editore scosse la testa e chiese alla segretaria di provare a fissare un nuovo appuntamento. Poi guardandomi aggiunse: «Uno scrittore francese a cui faccio la corte da un po'... ma tornando a noi, credo che i capitoli sudamericani del racconto siano troppo lunghi. I lettori non hanno pazienza per questioni politiche che riguardano Paesi lontani.»

«Forse ne avrebbero di più se le storie non fossero tutte incentrate su realtà che i lettori conoscono o che sono loro familiari. Se non raccontiamo mai storie lontane, è difficile che i lettori possano avere la curiosità di sentirle.»

Mi resi conto allora di avergli risposto con un tono fin troppo seccato e mi dispiacque. L'editore era un brav'uomo, il primo ad avermi dato una opportunità nel mondo dei libri. «Scusami» sussurrai, «non dormo bene in questi giorni... il jet lag, ma anche tutto il resto. Non volevo perdere la pazienza.»

«Non preoccuparti, capisco. Anch'io sono addolorato per quello che è accaduto a Lola, era anche mia amica.»

Rimanemmo entrambi in silenzio e poi l'editore passò a parlarmi del capitolo in cui lo scrittore pianifica il suicidio, la parte del racconto che lo impensieriva di più.

«Credo debba essere riscritto» disse, «o quantomeno mitigato. Sembra che tu faccia l'apologia del suicidio, potrebbe causarti dei problemi, generare emulazione… una sorta di effetto Werther… non credi?»

Ma io avevo smesso di ascoltare. Pensavo a Lola e a quello che avrebbe detto e fatto lei se fosse vissuta. Che progetti aveva? Come sarebbe cambiata la nostra amicizia nel tempo? Cosa era accaduto tra noi negli ultimi mesi che avevamo passato insieme? Me ne ero forse innamorata?

«Alma, cos'hai?»

«Come? Scusami, ho la testa da un'altra parte. Ti dispiace se rimandiamo la conversazione?»

«Sì, parliamone quando ti sentirai meglio. Ho molte altre cose da chiederti… per esempio perché la metà dei personaggi della storia non ha un nome… ma avremo tempo nei prossimi giorni.»

«Sì, nei prossimi giorni.» Guardai il manoscritto che l'editore teneva aperto sulla scrivania. Quel romanzo era molto di più di un nuovo libro per me.

*

Vi starete chiedendo a questo punto perché, per tutto questo tempo, ho continuato a scrivere la storia di Lola e dello scrittore fingendo che fosse un racconto a tre voci. La ragione è semplice: avevo bisogno che mi parlassero ancora. Volevo che tornassero a vivere, anche solo tra le pagine di questo libro.

Non c'è malafede in quello che ho fatto, la storia è rimasta fedele ai loro racconti. Devo confessarvi, poi, che in questi mesi in cui scrivevo di Lola e dello scrittore avevo l'impressione che l'unico sforzo che dovessi fare fosse quello di ricordare – non ricordare quello che loro mi avevano raccontato, ma ricordare qualcosa che io stessa avevo vissuto. È stato come se anch'io fossi cresciuta con loro, se anch'io avessi conosciuto la violenza, il rapimento, la tortura. Quello che era accaduto a loro era accaduto anche a me.

L'altro giorno, mentre rivedevo i capitoli sudamericani del romanzo, ho cominciato a sentire lo stesso odore di fumo raffreddato che c'era all'*hacienda* negli anni in cui Lola e lo scrittore vivevano lì e mi è venuta voglia di fumare – proprio io che ho sempre detestato i sigari. E il giorno dopo, mentre rileggevo una lettera che avevo inviato al mio editore, mi sono accorta che non avevo firmato con il mio nome ma con quello di Lola. E devo ammettere che, da qualche tempo, mi accade spesso di sognare in spagnolo, come se fosse quella la mia lingua madre – il mio spagnolo invece è ancora molto elementare.

E anche ora, se chiudo gli occhi e penso all'*hacienda* e ai fiori del grande albero di *guayacan* riesco a sentirne il profumo. E se immagino le fronde bianche dell'albero di *yarumo* posso ascoltarne il fruscio. Posso respirare l'aroma delle *arepas* che cucinava Clara e assaporare la dolcezza dell'*aguapanela* che beveva Amparo. Posso sentire la mano che accarezza Pilar lì dove il pelo si increspa, e immaginare di sedermi a guardare la montagna che al tramonto prende il colore della carne viva. Posso vedere i fari della macchina di Gustavo che di notte assomigliano agli occhi dei gufi e ascoltare le storie di Amparo mentre le falene arrivano sotto il patio attratte dalla luce. Posso fare l'amore con Lola e con lo scrittore e sentire il piacere dei loro corpi ancora giovani, sfiorare le mani che entrano ed escono dai loro vestiti. E se penso a quel giorno in cui lo scrittore si uccise, posso avvertire il freddo della pistola sull'addome nudo e respirare l'odore di sangue che sentì Lola quando tornò a casa.

È questo che mi accade quando scrivo.

Ci sono, poi, cose della loro vita che ho scelto di non raccontare. Non ho scritto del giorno in cui lo scrittore si uccise, non ne ho avuto il coraggio. Non ho scritto delle torture che aveva subito, parlarne lo faceva star male. Non ho scritto di quando Lola lo trovò morto rientrando a casa, ho preferito non rivelare quello che lei mi raccontò. Delle violenze che Lola subì da ragazzina ho scritto pochissimo, troppo dolore. Della sua morte, appena arrivata in Colombia, ho potuto solo immaginare qualche dettaglio: i suoi occhi e il cielo azzurro al di là dei vetri infranti. È a Lola che penso ogni giorno. È con lei che parlo mentre cammino lungo il fiume, mentre ascolto *Otra Luna*. Ci immagino ancora insieme, strette in un abbraccio al buio, come la prima volta che ballammo il tango.

Della Colombia, il Paese che Lola e lo scrittore non nominavano mai – perché come diceva Amparo "ciò che ci fa male non dovrebbe mai essere nominato" – ho studiato la Storia, la società, la politica, e tutto quello che non ho potuto imparare studiando l'ho immaginato. È vero, poi, che molti dei protagonisti di questo racconto non hanno un nome. Lola non chiamava mai lo scrittore per nome. Lo chiamava semplicemente "scrittore" perché era quello che lui voleva essere più di ogni altra cosa – e più lo desiderava e più la scrittura sembrava sfuggirgli. Era Lola la vera scrittrice, ma i titoli e riconoscimenti a lei non interessavano.

Inoltre, a eccezione di Gustavo, Lola e lo scrittore non hanno mai chiamato per nome gli uomini che avevano cambiato il corso della loro vita: il padre di Lola, quello dello scrittore, il nonno nazista, il governatore. Si riferivano a loro solo indicando il ruolo che avevano assolto o che si erano rifiutati di assolvere.

Infine, riguardo alla mia storia, per quel che possa interessare, che importanza ha se quello che racconto è accaduto davvero? Che sia io o un'altra non fa differenza, che voi riusciate o meno a immedesimarvi neppure. Non è per questo che si racconta. Io scrivo per capire quello che è accaduto anche quando non è accaduto, racconto per avere la comprensione di chi ascolta. È della vostra comprensione che ho bisogno.

*

Negli anni credo di aver sviluppato una certa dipendenza da questa città, quando sono lontana ne sento la mancanza. Ma cos'è che mi manca esattamente? Non ho nostalgia delle cose che amo, mi mancano di più quelle che a fatica sopporto: la frusta del vento che scuote le ossa e intorpidisce i sensi, l'ascesa vorticosa del cemento, l'odore di umanità che invade le narici, il fragore della vita che scalpita e si dimena ogni giorno.

In questa città nessuno invecchia. La gente arriva, rimane qualche anno – giusto il tempo di innamorarsene e di odiarla – e poi si trasferisce altrove. Troppo costosa New York per invecchiarci, troppo fredda per morirci. È così che immagino gli amici che conobbi un tempo: ancora vivi, mai invecchiati, giovani e sciocchi come quando ci incontrammo.

A New York nessuno invecchia tranne me. Fra qualche anno i miei figli andranno via di casa e io rimarrò sola, sola tra nove milioni di persone sole. Come si invecchia in una metropoli dove nessuno invecchia? Chi mi terrà la mano? Chi mi accarezzerà la fronte? Chi si ricorderà di me?

Eccomi, cammino nella città che è tornata a vivere. Mi muovo sicura tra la folla, cavalco la corrente, mi uniformo al flusso, seguo il passo, mi adeguo all'andatura. Quando seguo, guardo le spalle di chi mi precede, conto i passi. Ma non presto attenzione, non imparo il tragitto. Se smetto di seguire non riconosco la strada, non so tornare al punto di partenza né riprendere il percorso. Chi mi segue cosa vede di me? Come sono di spalle? Cammino con il peso del piede sull'esterno della pianta, le mie scarpe si consumano solo sui lati. Mi stacco dalla folla e mi infilo in un vicolo, non mi segue nessuno.

Più tardi tornerò a casa per cenare con i figli. A tavola Teo parlerà di storia – la caduta di Costantinopoli, la pace di Vestfalia, chi sparò all'arciduca d'Austria? Nanda mi spiegherà da capo perché la mia generazione non capisce la sua: questione di diritti, di futuro, di parole e di pronomi, mi racconta.

Dopo cena porterò il cane a passeggio, schiverò caparbia gli agguati del vento. Mi fermerò sotto i rami del tiglio, lascerò i segreti nella cavità del tronco. Ascolterò il gorgoglio dell'acqua che accelera sempre nello stesso punto e osserverò il tremolio del fiume, le luci che di notte ne abitano il corso. Tornerò a casa, mi sfilerò i vestiti, scalderò solo un angolo di letto. Aprirò un libro, scivolerò nel sonno. Allungherò le gambe, mi girerò su un fianco. Fingerò ogni volta che mi si addica questa solitudine, questo tempo.

*

L'ultima volta che ho visto lo scrittore è stato quattro mesi prima che morisse. Eravamo andati al Lincoln Center per una retrospettiva sul cinema di Lina Wertmüller. Quell'autunno, la regista avrebbe ricevuto l'Oscar Onorario a Los Angeles, lei che nel 1977 era stata la prima donna candidata dall'Academy per la miglior regia. Quel pomeriggio in cartellone c'era *I Basilischi*, un film del 1963 che Lina Wertmüller scrisse e diresse dopo aver lavorato come aiuto-regista per Federico Fellini. Il film racconta la storia di un paese dell'Italia meridionale dove nulla accade e nulla cambia. Andar via o cercare di cambiare le cose? È questo che si chiedono i giovani protagonisti della storia, ma nessuno lascia la comoda bolla protettiva del paese e nessun fa nulla per migliorare. Tutto è destinato a rimanere come è.

Nella storia c'è un personaggio secondario, Donna Rosa, una vedova che vive con il figlio e la nuora con la quale ha un rapporto difficile – quando litigano, le grida si sentono in tutto il paese. "Sono cinque anni che vostro marito è morto… sono io a comandare ora, e voi, se volete, vi potete pure ammazzare" le urla la nuora. Donna Rosa appare solo in tre scene del film e fino alla fine lo spettatore non le presta attenzione. Eppure, sarà questa vecchina l'unico personaggio del racconto che sceglierà di stravolgere le regole.

Quel pomeriggio al Lincoln Center, lo scrittore era loquace e stranamente di buon umore. Prendemmo posto in sala, c'era molta gente. Trovammo due poltrone laterali in terza fila. Nessuno dei due aveva visto il film. All'inizio, lo scrittore sembrava divertito dalla satira sprezzante della Wertmüller. Arrivati alle ultime scene, però, il suo umore cambiò, quasi a riflettere il tono più cupo che aveva preso la storia. Divenne nervoso, cominciò ad agitarsi come se non riuscisse a trovare una posizione comoda. Metteva il gomito sul bracciolo e poi lo toglieva, piegava le gambe e poi le distendeva. L'uomo seduto di fronte a noi si voltò infastidito più di una volta.

«Tutto bene?» chiesi.

Lo scrittore si sbottonò il colletto della camicia e si asciugò il sudore sulla fronte.

«Che hai? Ti senti male?»

«Ora passa» rispose, «ora passa, guardiamo il film.»

«Vuoi andare fuori?»

Nessuna risposta.

Non capivo cosa lo agitasse, ma non mi preoccupai troppo. Gli capitava spesso di avere malesseri improvvisi. Per fortuna, non duravano mai a lungo.

Ripresi a guardare il film. Il racconto aveva lasciato le vicende dei protagonisti ed era tornato sulla storia di Donna Rosa. Lo scrittore mi sembrò improvvisamente più calmo, guardava lo schermo interessato.

Eccola la vecchina seduta vicino alla finestra a ricamare con un'amica.

"Vi dovete rassegnare, Donna Rosa" dice la signora, "vostra nuora ha un carattere ribelle e vuole comandare."

Poi i rintocchi delle campane annunciano l'inizio della messa, "Vado alla funzione" dice l'amica.

In quel momento Donna Rosa rimane sola. Lascia il filo del ricamo sul tavolo e si alza. Si sistema i capelli davanti allo specchio. Si avvicina al ritratto del marito – nella foto è ancora giovane e indossa l'uniforme militare. Gli accarezza il viso con la mano come per salutarlo. Poi apre la finestra e ritira i panni stesi sul filo ad asciugare. È a questo punto che Lina Wertmüller inserisce il colpo di scena: Donna Rosa guarda un'ultima volta il cielo e poi scavalca la balaustra del balconcino. Lo spettatore capisce che vuole morire, sta per saltare giù. Un attimo dopo, l'obiettivo si sposta sul palazzo di fronte dove un'altra vecchina è seduta alla finestra a ricamare. Quando la vicina vede Donna Rosa che penzola dal balcone comincia a gridare: "Donna Rosa, cosa fate? Donna Rosa, no!" urla. Donna Rosa lascia un momento la balaustra alla quale è appesa e porta l'indice della mano alla bocca per dirle di tacere. Poi si lascia cadere nel vuoto.

Alla fine di questa scena lo scrittore si alzò e corse fuori.

«Dove vai, ora?» gli chiesi. Non rispose. Presi le mie cose e lo seguii. Lo raggiunsi che era già arrivato in strada, mi aspettava seduto sul bordo del marciapiede.

«Che ti è preso?» gli ho chiesto.

«Non riuscivo a respirare, lì dentro.»

«Va meglio, ora?»

«Abbracciami, Alma, abbracciami, per favore.»

Fu quella l'ultima volta che lo vidi. Dopo quel giorno, lo scrittore si chiuse in casa e non volle più incontrare nessuno. Lola era molto preoccupata. Mi chiamava al telefono per raccontarmi le sue crisi, il suo rifiuto di prendere le medicine, di farsi ricoverare. Era come se lo scrittore avesse rinunciato a vivere. Non teneva più a niente, aveva già lasciato il mondo.

*

Non è per quella scena che lo scrittore si è ucciso, Signora Wertmüller, glielo posso assicurare. La sua era una decisione presa da tempo. Eppure, oggi, avrei bisogno di chiederle un favore. Vorrei che lei riavvolgesse la pellicola del suo film, vorrei tornare indietro a prima che Donna Rosa saltasse dal balcone. Sì, capisco che è una richiesta strana, ma la magia del cinema è proprio questa, a differenza della vita ti consente di tornare indietro. Ecco, Signora Wertmüller, bene così: Donna Rosa è ancora sul balcone, ha ritirato i panni stesi e non ha ancora scavalcato la balaustra. La vicina non l'ha mai vista cadere giù, non ha mai gridato. Donna Rosa non le ha mai fatto il gesto di tacere. Torni ancora indietro, per favore. Ecco, così, bene. Si fermi, ora: Donna Rosa è di nuovo seduta sulla sedia vicino alla finestra, non ha messo via il filo del ricamo, non si è guardata allo specchio, non ha mai salutato il ritratto del marito morto. Più tardi suo figlio e sua nuora torneranno a casa. Si metteranno seduti a tavola con i bambini. Parleranno, si capiranno, faranno pace. La nuora non le dirà più che se vuole si può anche ammazzare.

Grazie, Signora Wertmüller, è un bel regalo che mi fa. Avrei, però, anche un'altra richiesta per lei. Da grande regista quale è, le sarei grata se ora mi aiutasse a riavvolgere la pellicola della mia vita. Possiamo cominciare dal giorno in cui lo scrittore si è ucciso. Vorrei che tornasse indietro, che cancellasse quella scena. Ecco, brava, così. Lo scrittore non si è mai sparato, Lola non lo ha mai trovato morto. Lei non è mai stata arrestata, non è entrata in un centro di detenzione, non è mai stata deportata. I killer non l'hanno mai raggiunta sulla strada che dall'aeroporto arriva in città. Il cielo del suo Paese non è stata l'ultima cosa che ha visto prima di morire.

La ringrazio, Signora Wertmüller, ma la prego non si fermi proprio ora, mi aiuti un altro po'. Riavvolga ancora il nastro, torni indietro alla sera di "The Moth". Ecco, così... noi non ci siamo mai incontrati, io non ho mai raccontato la mia storia, mio marito non mi ha mai lasciata – è ancora qui che dorme accanto a me. Io non ho mai pubblicato un libro.

Riflettendoci, non è abbastanza,
torni ancora indietro, per favore.
Io non sono mai venuta negli Stati Uniti...
più indietro ancora,
vedo la bambina con il moccio sul ciglio della strada...
ancora indietro, la prego.
No, non ho paura,
ne sono sicura.
Ho deciso, ormai.
Riavvolga tutto,
fino in fondo,
fino alla fine.
Ecco, così.
Cancelli ogni cosa.
Sono in pace, ora.
Tutto è finito.
Noi non siamo mai esistiti.

New York, 10 maggio 2021

# Nota dell'autrice

Venti anni fa, un caro amico mi regalò un libro, *Poesia degli ultimi americani* di Fernanda Pivano. Aveva saputo che ero in procinto di partire per gli Stati Uniti per iniziare il dottorato di ricerca e pensava che mi sarebbe stato utile leggere i poeti della Beat Generation tradotti da Pivano. Quel libro l'ho tenuto vicino al letto per anni: oggi è ingiallito e odora d'erba e di vaniglia, molte delle pagine hanno le orecchie, molti dei versi sono sottolineati a matita. Dietro la copertina ho composto una poesia, ho scritto l'indirizzo di un luogo di cui non ho più memoria, il numero di telefono di un vivaio, gli appunti per un romanzo – i miei libri iniziano sempre con parole scritte sui libri degli altri.

Oltre ai poeti della Beat, è il titolo del libro di Fernanda Pivano che ha continuato a parlarmi in questi anni. Chi sono gli "ultimi americani" oggi? A quale cultura appartengono? Sono diventati parte di questo Paese? Dov'è esattamente la loro casa? C'è un luogo dove vogliono tornare, invecchiare e morire? Esiste un posto dove ad attenderli non ci siano solo lotte e guerre? Anche io come loro sento di essere *ultima* e in qualche modo ancora in viaggio, mai veramente arrivata, confusa su cosa sia e dove si trovi la mia casa, sul dover appartenere al luogo dove si nasce o a quello dove si muore. Sono le domande sull'appartenenza quelle a cui ho cercato di dare risposta in questo libro. E insieme a quelle, domande anche più urenti, che hanno a che fare con il senso della vita, il significato della morte, le tracce che lasceremo nel mondo, la possibilità che le tracce più importanti siano quelle che nessuno vede o sa riconoscere. Per rispondere a queste domande sono tornata alla lettura di Sartre, Camus, Borges, Voltaire, Lee Masters, Hemingway, Majakovskij, Pavese, Pasolini, Aleksievič, Schopenhauer, Benatar, Nozick, Williams, Schmidtz e altri. È il loro pensiero, o meglio la mia interpretazione dello stesso, che avete letto in queste pagine.

La storia di Lola e dello scrittore prende ispirazione dalla vita di un mio studente che anni fa mi raccontò (senza scendere nei dettagli) di aver avuto un nonno nazista, di aver lavorato per un importante uomo politico del suo Paese e di essere stato rapito dai terroristi, ma a parte queste somiglianze il mio racconto è frutto di immaginazione. Per quanto riguarda i capitoli colombiani del romanzo, sono grata ai giornalisti, ai ricercatori e agli attivisti che mi hanno raccontato il loro Paese e ai romanzi di Héctor Abad e Juan Gabriel Vásquez. Particolarmente utili per la ricostruzione delle vicende della politica colombiana tra gli anni Ottanta e Novanta, sono stati i saggi di Steven Dudley, da cui ho tratto molte delle affermazioni che i protagonisti della mia storia fanno sulla politica del loro Paese, e di Maria McFarland Sánchez-Moreno. Per raccontare il massacro di El Aro invece ho fatto riferimento, tra gli altri, ad alcuni articoli pubblicati dalla rivista "Semana". Tra i film colombiani che più ho amato ci sono *La Sirga* di William Vega sui rifugiati in fuga dalla guerra e *La Tierra y la sombra* di César Acevedo, che racconta la storia dei lavoratori della canna da zucchero di cui parlo in questo libro. Sono grata, inoltre, al mio insegnante di tango, Sidney Grant, e ai miei amici colombiani, in particolare Maribel Lopera Sierra e German Manga, per i consigli ricevuti dopo la prima stesura del romanzo. Infine, la mia assoluta riconoscenza va al più grande di tutti, lo scrittore Gabriel García Márquez, grazie al quale ho imparato fin da ragazzina ad amare la Colombia.

Per quanto riguarda i centri di detenzione per immigrati illegali, le vicende di cui racconto nel romanzo sono realmente accadute e nel corso di questi ultimi anni sono state documentate dal "New York Times", il "New Yorker", il "Wall Street Journal" e il "Washington Post" (quelle riguardanti la Georgia risalgono al 2019). Aggiungo che nella primavera del 2020, una signora italiana mi contattò per raccontarmi di suo fratello, un immigrato illegale rinchiuso in un centro di detenzione in Massachusetts dove in quei giorni era in corso una rivolta – i detenuti avevano paura di ammalarsi di Covid-19. La signora aveva letto un mio articolo sulle prigioni americane al tempo del virus, pubblicato dal quotidiano "la Repubblica", e volle raccontarmi la storia di suo fratello che da molti anni viveva clandestinamente negli Stati Uniti. È a lui che oggi va il mio pensiero.

Per quanto riguarda il tema del suicidio, ho cominciato a pensare di scrivere di un uomo che progetta di uccidersi dopo che un amico mi raccontò del suo tentativo di spararsi. Per scriverne ho letto le conversazioni di aspiranti suicidi, i consigli che si scambiavano sul modo migliore di morire. Ho anche letto il libro di Geo Stone, *Suicide and Attempted Suicide*, che analizza senza mai giudicare i diversi metodi per togliersi la vita. La storia dei *cuvivíes*, gli uccelli che si gettano nelle acque gelide dell'Ozogoche, l'ho sentita raccontare invece da un giornalista di Associated Press che documentò con un reportage il festival sulla laguna andina.

Le violenze e le molestie che Lola e Alma subiscono nel romanzo sono ispirate a storie veramente accadute. Sono vicende comuni a tante bambine. Negli anni della vita adulta finiscono per influenzare scelte e delimitare traiettorie, allontanano prospettive e rimpiccioliscono orizzonti. Rimangono dentro come cocci rotti, come chiodi arrugginiti, bagagli ingombranti, invisibili e dolorosi. I loro aculei tornano a pungere ogni volta che la vita ci scuote e ci strattona, punizioni che continuiamo a infliggere a noi stesse. Il mio racconto nasce da racconti venuti fuori quasi per caso – come se ci fossero caduti dalle labbra – a cena o nelle pause di lavoro, in macchina quando il traffico è fermo o al book club mentre si discute la trama di un libro. Le confidenze che le donne fanno alle altre donne sono l'antidoto per sopravvivere al dolore: quando qualcuna ne parla, si accorge quasi sempre di non essere la sola in quella stanza, a quella cena, tra le amiche o a un incontro tra sconosciute.

In ultimo, i film. Quelli che ho citato in questo libro sono solo alcuni dei film più importanti della mia vita. Come accade ai protagonisti del romanzo, i film sono sempre riusciti a raccontarmi cose di me che non sapevo, spiegandomi eventi della mia vita che da sola non avrei potuto capire. È a Welles, Bergman, Hitchcock, Godard, Wong Kar-wai, Rossellini, Wertmüller e al *King Kong* del 1933 a cui rendo omaggio ne *Gli ultimi americani*.

In conclusione, vorrei ringraziare Linda Fava, Giovanni Francesio, Isabella d'Amico, Valeria Frasca, Claire Sabatié-Garat e Marco Vigevani per tutto il lavoro, il sostegno e la pazienza. E infine ringrazio la mia famiglia, i miei figli e gli amici di sempre per l'amore che mi raccontano ogni giorno, quello che spero di essere riuscita a tradurre nelle pagine di questo libro. È prima di tutto della loro comprensione che ho bisogno.

# Libri e film citati

In questo romanzo faccio riferimento a molti film. Il primo che cito è *Quarto Potere* (1941) di Orson Welles, poi *Il settimo sigillo* (1957) di Ingmar Bergman, *Gli uccelli* (1963) di Alfred Hitchcock, *Pierrot Le Fou* (1965) di Jean-Luc Godard, *In the mood for love* (2000) di Wong Kar-wai, *Una voce umana* (1948, episodio de *L'amore*) di Roberto Rossellini, *I basilischi* (1963) di Lina Wertmüller e *King Kong* (1933) di Merian Cooper e Ernest Schoedsack.

Per quanto riguarda la poesia, il verso in cui Omero paragona i Troiani in battaglia alle gru è tratto dal Libro III dell'*Iliade* (a cura di Franco Ferrari, Mondadori, Milano 2018). I versi di Charles Bukowski sulla morte sono tratti da *Le ragazze che seguivamo* (a cura di Massimo Bocchiola, Guanda, Parma 2020). La strofa di Alfonsina Storni è tratta dalla poesia *Alma desnuda* (in *Poemas de amor*, Editorial Nosotros, Buenos Aires 1926 ). La frase sulla scrittura che nasce sempre da "un odio e un senso di vendetta verso gli altri che una volta approfondito e liberato diventa amore" è tratta da una intervista televisiva di Pier Paolo Pasolini del 1968 in cui lo scrittore commenta *Lettera a una professoressa* di Don Lorenzo Milani. La lettera di addio di Virginia Woolf al marito Leonard è pubblicata in *Possiedo la mia anima. Il segreto di Virginia Woolf* di Nadia Fusini (Feltrinelli, Milano 2021) e il biglietto di addio di Vladimir Majakovskij a Lilja Brik in *Poesie* (a cura di Guido Carpi, BUR, Milano 2021). Il verso sull'America di Langston Hughes è tratto da *I too* in *The Collected Works of Langston Hughes*, University of Missouri Press, 2001. I versi di Lee Masters sono tratti dall'*Antologia di Spoon River* (a cura di Fernanda Pivano, Einaudi, Torino 1943). Il verso di Rainer Maria Rilke citato da Lola è preso dalle *Elegie Duinesi* (traduzione di Franco Rella, BUR, Milano 1994). Infine, la citazione di D.H. Lawrence è tratta da *L'amante di Lady Chatterley* (traduzione e cura di Silvia Rota Sperti, Feltrinelli, Milano 2013).

Per quanto riguarda le citazioni di libri e articoli di giornale, il racconto di Robert Nozick è tratto da *Life, Death and Meaning* (Rowman and Littlefield Publishers, 2004) di David Benatar. L'articolo del "Los Angeles Times" su Gerardo Reichel-Dolmatoff è *An anthropologist's past steps out of the shadows* del 13 novembre 2012. Le considerazioni fatte dal nonno dello scrittore sui guerriglieri e sui paramilitari, così come quelle fatte dal tutore sugli accordi di pace e dal politico con il megafono sull'oligarchia sono tratte dal libro *Walking Ghosts: Murder and Guerrilla Politics in Colombia* di Steven Dudley (Taylor & Francis Ltd, 2004). La descrizione del toro nel quarto capitolo è un omaggio a *Morte nel pomeriggio* di Ernest Hemingway (traduzione di Fernanda Pivano, Mondadori, Milano 1991). La frase sul governatore che trattava l'intero Paese come una enorme arena di tori è presa dal libro *There Are No Dead Here* (Bold Type Book, 2018) di Maria McFarland Sánchez-Moreno. Allo stesso libro è anche ispirato il racconto che il governatore fa dei suoi allenamenti da torero. La parte del rapimento dello scrittore è ispirata al libro *No-*

*tizia di un sequestro* di Gabriel García Márquez (traduzione di Angelo Morino, Mondadori, Milano 1996). Il resoconto del massacro di El Aro di cui parlo nel romanzo è tratto da alcuni articoli pubblicati dalla rivista colombiana "Semana" nel 2020. Infine, il racconto delle operazioni chirurgiche non necessarie nel centro di detenzione per immigrati illegali della Georgia è ispirato a un articolo del "New York Times", *Immigrants say they were pressured into unneeded surgeries* del 29 settembre 2020.

# Brani musicali citati

Nel romanzo cito anche alcune canzoni.

I versi alle pagine 71 e 176 sono tratti da *Por una Cabeza* (1935) di Carlos Gardel; i versi di pag. 104 da una ninna nanna colombiana, *Duerme Negrito*.

I versi a pag. 56 sono tratti da *Famous Blue Raincoat*, testo e musica di Leonard Cohen, (c) 1971 Sony Music Publishing (US) LLC. Copyright Renewed. All Rights Administered by Sony Music Publishing (US) LLC, 424 Church Street, Suite 1200, Nashville, TN 37219. International Copyright Secured. All Rights Reserved. Riprodotto su autorizzazione di Hal Leonard LLC (US) tramite Hal Leonard Europe BV (Italy).

I versi a pag. 103 sono tratti da *Quizás, Quizás, Quizás*, testo spagnolo e musica di Osvaldo Farrés, testo inglese di Joe Davis, (c) 1947 Southern Music Pub. Co. Inc. Copyright Renewed. International Copyright Secured. All Rights Reserved. Riprodotto su autorizzazione di Hal Leonard LLC (US) tramite Hal Leonard Europe BV (Italy).

# Indice

Mondadori Libri S.p.A.

Questo volume è stato stampato
presso ELCOGRAF S.p.A.
Stabilimento - Cles (TN)

Stampato in Italia - Printed in Italy